D1641394

Luisa Fernanda Roldán Rojas

Wirkungen öffentlicher Sensibilisierungskampagnen

Analyse des Themas Trinkwasser
in ausgewählten ländlichen Stadtteilen
von Medellín (Kolumbien)

Diplomica Verlag GmbH

Roldán Rojas, Luisa Fernanda: Wirkungen öffentlicher Sensibilisierungskampagnen: Analyse des Themas Trinkwasser in ausgewählten ländlichen Stadtteilen von Medellín (Kolumbien). Hamburg, Diplomica Verlag GmbH 2013

Buch-ISBN: 978-3-8428-9401-3
PDF-eBook-ISBN: 978-3-8428-4401-8
Druck/Herstellung: Diplomica® Verlag GmbH, Hamburg, 2013

Bibliografische Information der Deutschen Nationalbibliothek:
Die Deutsche Nationalbibliothek verzeichnet diese Publikation in der Deutschen Nationalbibliografie; detaillierte bibliografische Daten sind im Internet über http://dnb.d-nb.de abrufbar.

© Diplomica Verlag GmbH
Hermannstal 119k, 22119 Hamburg
http://www.diplomica-verlag.de, Hamburg 2013
Printed in Germany

Danksagung

An dieser Stelle möchte ich mich bei Dr. Andreas Megerle für die Betreuung und Unterstützung während dieser Studie bedanken.

Weiterhin möchte ich mich ganz besonders bei Frau Astrid Helena Barrera Roldán (Secretaría de Desarrollo Social – Alcaldía de Medellín), den Leitern und Mitarbeitern der ausgewählten Trinkwasserversorgungsunternehmen bedanken, die mich während der Feldforschung unterstützten.

Ebenso möchte ich an dieser Stelle ganz herzlich meinem Ehemann César Bedoya und meiner Familie für deren Unterstützungen in jeglicher Hinsicht während der Dauer der Studie danken.

Inhaltsverzeichnis

Zusammenfassung

1. Einleitung 1

2. Problemstellung: Öffentliche Sensibilisierungskampagnen und ihre Evaluation 3
   2.1. Begriffsdefinitionen 3
   2.2. Strategische Kampagnenplanung 4
   2.3. Probleme der Evaluation von Sensibilisierungskampagnen 4

3. Ziel und Fragestellungen der Arbeit 6

4. Methodik 7
   4.1. Methodologische Anforderungen an die Erhebung von
   Sensibilisierungskampagnen 7
   4.2. Untersuchungsdesign 10
      4.2.1. Modul 1: Literaturrecherche 10
      4.2.2. Modul 2: sozialwissenschaftliche Datenerhebung 11
      4.2.3. Modul 3: Analyse der Wirkungen der Sensibilisierungskampagnen 13
   4.3. Begründung des ausgewählten Untersuchungsgebiets 13
   4.4. Recherche und Auswertung der Sensibilisierungskampagnen 15
   4.5. Leitfadeninterviewsdesign 16
   4.6. Erhebung der Wahrnehmung der Zielgruppen der
   Sensibilisierungskampagnen (angeschlossenen Nutzer) 17
      4.6.1. Grundgesamtheit und Stichprobe 17
      4.6.2. Änderung der Stichprobe 19
      4.6.3. Durchführung der Leitfadeninterviews 21
   4.7. Erhebung der Wahrnehmung der Experten 21

5. Trinkwasserversorgung in ländlichen Räumen in Kolumbien 23
   5.1. Erklärung des Begriffs „Trinkwasser" 23
   5.2. Wasserverfügbarkeit in Kolumbien 23
   5.3. Bevölkerungswachstum 24
   5.4. Wohlstand 25

6. Institutioneller, rechtlicher und organisatorischer Rahmen der
Trinkwasserversorgung in Kolumbien 27
   6.1. Kolumbianische Landesverwaltung 27
   6.2. Institutionelle Strukturen des Wassersektors 29
   6.3. Gesetzliche Rahmenbedingungen 32
      6.3.1. Unternehmen 32
      6.3.2. Benutzerklassifizierung 33
      6.3.3. Gebühren der Trinkwasserversorgung 35
      6.3.4. Subventionen und Kontributionen 35
      6.3.5. Trinkwasserqualität 37
      6.3.7. Effizienter Wasserverbrauch und Trinkwassereinsparung 38

7. Untersuchungsgebiet: Lage, Trinkwasserversorgung und hydrologische Grundlagen 40

    7.1. Lage 40
    7.2. Trinkwasserversorgung 41
    7.2. Hydrologische Grundlagen 43

8. Akteure 45

    8.1. Akteurstyp Bevölkerung..45
        8.1.1. Demographische Merkmale..45
        8.1.2. Wirtschaftliche und soziale Aspekte 46
    8.2. Akteurstyp Trinkwasserversorgungsunternehmen 49
    8.3. Akteurstyp Stadtverwaltung 51
    8.4. Akteursbeziehungen 51

9. Analyse ausgewählten Sensibilisierungskampagnen...53

    9.1. Sensibilisierungskampagnen der Stadtverwaltung von Medellín...................53
    9.2. Sensibilisierungskampagnen der Trinkwasserversorgungsunternehmen 54
        9.2.1. Sensibilisierungskampagnen über Trinkwasserversorgung.....................55
        9.2.2. Sensibilisierungskampagnen über das Wasseraufbereitungssystem..........56
        9.2.3. Andere Sensibilisierungskampagnen 56

10. Wahrnehmung der ausgewählten Sensibilisierungskampagnen...........................58

    10.1. Wahrnehmung der Trinkwasserversorgung 58
    10.2. Wahrnehmung des Trinkwasseraufbereitungssystem 61
    10.3. Wahrnehmung der Trinkwasserversorgungsunternehmen 61
    10.4. Wahrnehmung des Gebührensystems 61

11. Wirkungen der ausgewählten Sensibilisierungskampagnen 63

    11.1. Gruppe 1: Rohwasserkonsum 63
    11.2. Gruppe 2: Mischkonsum aus Rohwasser und aufbereitetem Trinkwasser........65
    11.3. Gruppe 3: Trinkwasserkonsum 68
    11.4. Andere Wirkungen 68

12. Kritische Aspekte der Wirkungen der ausgewählten Sensibilisierungskampagnen und mögliche Verbesserungsmaßnahmen 70

13. Methodologische Reflexion..73

ANLAGE 1: Leitfadeninterview für Kampagnen-Zielgruppe 75

ANLAGE 2: Leitfadeninterview für ausgewählten Experten 77

ANLAGE 3: Ausgewählte ländliche Stadtteile von Medellín / Untersuchungsgebiet......78

ANLAGE 4: Departamentos von Kolumbien 79

ANLAGE 5: Gemeinden und Regionen von Antioquia 80

ANLAGE 6: Anforderungen an die Qualität des Trinkwassers 81

LITERATURVERZEICHNIS 82

Abbildungsverzeichnis

Abbildung 2-1: Social-Marketing-Zyklus 4

Abbildung 4-1: Methodenbausteine der Untersuchung 14

Abbildung 5-1: Entwicklung der Bevölkerung in Kolumbien von 1985 – 2010 25

Abbildung 5-2: Zusammenhang zwischen Kolumbiens HDI und Trinkwasserversorgung und Kindersterblichkeit 26

Abbildung 6-1: Verwaltungsaufbau Kolumbiens 28

Abbildung 6-2: Struktur des Wassersektors in Kolumbien 30

Abbildung 6-3: Sozioökonomische Schichten der Haushalte in Kolumbien und in den verschieden Regionen des Departamentos Antioquia 34

Abbildung 6-4: Berechnung der Gebühren der Trinkwasserversorgung pro Nutzer 36

Abbildung 7-1: Entwicklung der Bevölkerung in Medellín, Kolumbien von 1973 – 2010 41

Abbildung 7-2: Prozentanteil der mit Wasser versorgten Wohnungen nach Unternehmen in ausgewählten ländlichen Stadtteilen von Medellín 42

Abbildung 8-1: Die Bevölkerungsentwicklung von Altavista, San Antonio de Prado und San Cristobal 46

Abbildung 8-2: Akteursbeziehungen 52

Abbildung 9-1: Werbung in lokalen Zeitungen 54

Abbildung 9-2: Zeichen eines Grundschülers (Thema: Unterschied zwischen Rohwasser und Trinkwasser) 56

Abbildung 10-1: Bedeutung des Begriffes Trinkwasser für Befragten (Mehrfachantworten möglich) 58

Abbildung 10-2: Von den Befragten genannten Informationsquellen zum Begriff „Trinkwasser" und zu den durch verschmutztes Wasser ausgelösten Krankheiten und Epidemien (Mehrfachantworten möglich) 60

Abbildung 10-3: Von den Befragten genannten Informationsmedien zum Begriff „Trinkwasser" und zu den durch verschmutztes Wasser ausgelösten Krankheiten und Epidemien (Mehrfachantworten möglich) 60

Abbildung 11-1: Gruppen in den ländlichen Stadtteilen von Medellín nach Trinkwasserkonsum 63

Abbildung 11-2: Bedeutung des Begriffes „Trinkwasser" für Befragten der Gruppe 2, die dieser gehört haben 66

Abbildung 11-3: Anschlüsse an das Trinkwassernetz (1) und das Rohwassernetz (2) 67

Tabellenverzeichnis

Tabelle 4-1: Methodologien zur Evaluierung von Sensibilisierungskampagnen 7

Tabelle 4-2: Übersicht zu zentralen Datenerhebungsverfahren 9

Tabelle 4-3: Trinkwasserversorgungsunternehmen in den westlich von Medellín gelegenen ländlichen Stadtteilen 17

Tabelle 4-4: Grundgesamtheit und geschichtete Stichprobe 18

Tabelle 4-5: Geschichtete Stichprobe nach sozioökonomischen Schichten 19

Tabelle 4-6: Grundgesamtheit und geänderte geschichtete Stichprobe 20

Tabelle 4-7: Neue geschichtete Stichprobe und durchgeführte Interviews 21

Tabelle 5-1: Wasserabgabe in Kolumbien im Jahr 2008 24

Tabelle 6-1: Bestandteile der Kosten zur Trinkwasserversorgung 36

Tabelle 6-2: Bewertung der Wasserquellen und ihrer Wasserbeschaffenheit 38

Tabelle 7-1: mit Trinkwasser versorgte Veredas des Untersuchungsgebietes 40

Tabelle 7-2: Fließgewässer zur Wassergewinnung von den ausgewählten Trinkwasserversorgungsunternehmen 43

Tabelle 7-3: Wasserqualität der Fließgewässer und ihrer Nebenflüsse 44

Tabelle 8-1: Belegungsdichte in den ausgewählten ländlichen Stadtteilen im 2010 47

Tabelle 8-2: Sozioökonomische Schichten in den ausgewählten ländlichen Stadtteilen 47

Zusammenfassung

Die Sensibilisierungskampagnen sind wichtige Bestandteile von Programmen von öffentlichen Institutionen, weil sie die Verbreitung sozialer Ideen und Verhaltensweisen fördern. Da sich die Evaluationen dieser Programme auf die Zielerreichung begrenzen, sind die Wirkungen der durchgeführten Sensibilisierungskampagnen kaum analysiert.

In dieser Studie wird eine Methodologie zur ex-post-Identifizierung von Wirkungen öffentlicher Sensibilisierungskampagnen entwickelt. Als Fallbeispiel wurden öffentliche Sensibilisierungskampagnen zur verstärkten Nutzung von Trinkwasser in den ländlichen Stadtteilen von Medellín/Kolumbien ausgewählt. Seit 1993 hat die Stadtverwaltung von Medellín öffentliche Trinkwasserversorgungssysteme in den ländlichen Stadtteilen gegründet. Seitdem werden auch Sensibilisierungskampagnen ohne Evaluation durchgeführt, um in diesen Räumen den bisherigen Rohwasserkonsum zugunsten des Konsums von Trinkwasser aufzugeben. Dennoch gibt es heutzutage Rohwasserkonsum.

Durch Leitfadeninterviews wurden der Wissensstand der Zielgruppen und ihre Wahrnehmung der Sensibilisierungskampagnen erhoben, in der Absicht den Zusammenhang zwischen dem Grund für den Roh- oder Trinkwasserkonsum und den Sensibilisierungskampagnen festzustellen.

Es wurde bewiesen, dass von den angeschlossenen Nutzern der Trinkwasserversorgungsunternehmen 10% kein Trinkwasser und 54% wahlweise Trinkwasser und Rohwasser benutzten; aber 47% der Nutzer von Trink- und Rohwasser nehmen dieselbe Rohrleitung für beide Strömungen innerhalb der Wohnungen. Aufgrund des Vorkommens von Coliforme Bakterien im Rohwasser bedeuten diese beiden Verhaltensweisen eine Gefahr für die Gesundheit der Bevölkerung. Ein Grund dafür ist u.a., dass die unterschiedliche Wahrnehmung des Begriffes „Trinkwasser" weitere Nutzung des Rohwasserkonsums beeinflusst.

Mittels der vorgeschlagenen Methodologie wurden nicht nur die Wirkungen der Sensibilisierungskampagnen identifiziert, sondern auch ihre kritische Aspekte. Das validiert diese Methodologie für die Analyse von Wirkungen der Sensibilisierungskampagnen

1. Einleitung

Die von Behörden oder nicht-kommerziellen Organisationen durchgeführten öffentlichen Sensibilisierungskampagnen versuchen, Menschen so zu beeinflussen, dass diese bestimmten Verhaltensweisen ändern oder bestätigen. Dadurch können die Verbreitung sozialer Ideen und alternativer Verhaltensweisen sowie die Entwicklung von Programmen oder Institutionen gefördert werden, um die Lebensqualität der Personen zu verbessern.

Obwohl die Evaluation des Prozessverlaufs, des Gesamtergebnisses und der Wirkungen von Sensibilisierungskampagnen ein wichtiger Bestandteil ihrer strategischen Planung sein sollte, „muss oft eine detaillierte Gesamtevaluation aus Zeit- und Kostengründen verzichtet werden" (KLEINHÜCKELKOTTEN, 2002, S: 19). Beispielweise in Kolumbien werden sich die Evaluationen sozialer Programmen auf summative Evaluationen begrenzt (z.B. NINA, 2008; PAHO, 2003; GALLO & MOLINA, 2008; DUQUE et al., 2007).

Aufgrund der damit fehlenden methodologischen Erfahrungen ist es das Ziel dieser Arbeit, eine Methode zur ex-post-Identifizierung von Wirkungen öffentlicher Sensibilisierungskampagnen zu entwickeln und an Fallbeispielen zu testen.

Als Fallbeispiel wurden öffentliche Sensibilisierungskampagnen zur verstärkten Nutzung von Trinkwasser in den ländlichen Stadtteilen von Medellín/Kolumbien ausgewählt. Ziel dieser Sensibilisierungskampagnen ist es, die Zielgruppen von einer (verstärkten) Nutzung von Trinkwasser zu überzeugen sowie die Akzeptanz der Trinkwasser- versorgungsunternehmen in diesen Räumen zu fördern.

Diese Sensibilisierungskampagnen wurden in Gebieten durchgeführt, die bis vor kurzem ausschließlich mit unbehandeltem Rohwasser versorgt wurden. Damit wurden die Kampagnen vor allem auf die Vermittlung des Begriffs „Trinkwasser" sowie der Rolle der Trinkwasserversorgungsunternehmen hin ausgerichtet.

Die Situation nach Durchführung der betrachteten Kampagnen sieht wie folgt aus:

1. Es gibt noch immer Wohnungen, die keine Anschlüsse an das Trinkwasser- versorgungsnetz haben. Ein Grund dafür kann sein, dass die Wohnungsbesitzer die Installation nicht erlauben.

2. Es gibt Wohnungen, die zwar Anschlüsse haben, aber kein Trinkwasser beziehen

3. Es gibt Wohnungen, die Anschlüsse sowohl an das Trinkwasserversorgungsnetz als auch an das Rohwasserversorgungsnetz haben.

4. Es gibt Wohnungen, die nur Anschlüsse an das Trinkwasserversorgungsnetz haben.

Aufgrund fehlender Evaluationen ist nicht klar, ob diese Situation eine Wirkung der öffentlichen Sensibilisierungskampagnen war oder nicht. Somit stellen die öffentlichen Sensibilisierungskampagnen hinsichtlich der Trinkwassernutzung in den ländlichen Stadtteilen von Medellín ein passendes Untersuchungsfeld für den Test der zu entwickelnden Evaluierungsmethode dar.

2. Problemstellung: Öffentliche Sensibilisierungskampagnen und ihre Evaluation

Behörden und andere Institutionen führen häufig öffentlichen Sensibilisierungs-kampagnen durch, ohne ihre beabsichtigen und unbeabsichtigten Wirkungen zu evaluieren. Um die Bedeutung und die Notwendigkeit dieser Evaluationen zu verstehen, wird zuerst der Begriff „öffentlichen Sensibilisierungskampagnen" und ihre Planung erklärt, danach werden die Probleme ihrer Evaluation dargestellt.

2.1. Begriffsdefinitionen

Rötter zufolge stellen Kampagnen „dramaturgisch angelegte, thematisch begrenzte, zeitlich befristete kommunikative Strategien zur Erzeugung öffentlicher Aufmerksamkeit" dar. Dazu greifen sie „auf ein Set unterschiedlicher kommunikativer Instrumente und Techniken – werbliche und marketingspezifische Mittel und klassische PR-Maßnahmen" zurück (RÖTTER, 1998).

Diese Definition lässt sich auch auf „Öffentliche Sensibilisierungskampagnen" übertragen (aus dem spanischsprachigen Begriff „Campaña de sensibilización pública" im Folgenden "Sensibilisierungskampagne"), die zum Handlungsfeld von Behörden, aber auch von anderen Institutionen, wie beispielsweise nicht-kommerzieller Organisationen gehören. Typische Bereiche für Sensibilisierungskampagnen sind das Gesundheitswesen, die Bildung, häusliche Gewalt, Umwelt, u.a.

Allgemeines Ziel von Sensibilisierungskampagnen ist es, Menschen so zu beeinflussen, dass diese „ihre Verhaltensweisen ändern oder bestätigen" (RÖTTER, 2001). Damit stellen Sensibilisierungskampagnen eine Art „Werbung" für alternative Verhaltens-weisen dar. Allerdings geht es hier nicht um privat-wirtschaftliche, sondern um „gemeinwohlorientierte Ziele" (MAST & et. al, 2005), so dass diese Arten von Kampagnen dem Social-Marketing-Ansatz zugeordnet werden können. Unter diesem Begriff wird die Konzeption, Umsetzung und Evaluation von Strategien verstanden, mit denen die Verbreitung sozialer Ideen und Verhaltensweisen gefördert werden soll (vgl. PROSE et al., 1994). Social-Marketing setzt dabei anders als „das Profit-Marketing auf Überzeugung, Übernahme sozialer Verantwortung und aktive Beteiligung der Bürgerinnen und Bürger" (KLEINHÜCKELKOTTEN, 2002).

3

2.2. Strategische Kampagnenplanung

Social-Marketing-Kampagnen bestehen aus einem schrittweise durchzuführenden Arbeitsprozess. Dieser reicht von der genauen Zielgruppenbestimmung über die Analyse des Wissens, der Wünsche und der Verhaltensweisen dieser Zielgruppen bis hin zur Entwicklung und Anwendung zielgruppenspezifischer Kommunikationsstrategien und zur begleitenden Evaluation des Prozessverlaufs und zur abschließenden Evaluation (vgl. KLEINHÜCKELKOTTEN, 2002). „Mit Hilfe der Evaluation wird überprüft ob die angestrebten Zielen tatsächlich erreicht wurden" (KLEINHÜCKELKOTTEN, 2002), das heißt, die Durchführung einer summativen Evaluation. Kleinhückelkotten erklärt auch, dass es durch die Evaluation erkenntlich wird, welche Maßnahmen und Methoden erfolgreich sind, was einen wichtigen Kompetenzgewinn für folgende Projekte darstellt (formative Evaluation). Auf diese Weise stellen die Phasen des Social-Marketings einen Zyklus dar (siehe Abbildung 2-1).

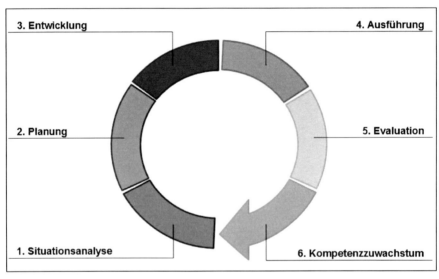

Abbildung 2-1: Social-Marketing-Zyklus
Nach KLOTER & ROBERTO (1989) und NOVELLI (1984, zitiert in PROSE et al., 1994) verändert

2.3. Probleme der Evaluation von Sensibilisierungskampagnen

Evaluation ist „ein Instrument zur empirischen Generierung von Wissen, das mit einer Bewertung verknüpft wird, um zielgerichtete Entscheidungen zu treffen" (STOCKMANN & MEYER, 2010). Somit gibt eine Evaluation von Kampagnen Aufschluss über die

Ergebnisse (Wirkungen) der Kampagne sowie über die erzielten Erfolge, auch, um eine Optimierung des Kampagnen-Konzepts zu ermöglichen (vgl. KLEINHÜCKELKOTTEN, 2002). Trotz der Bedeutsamkeit der Evaluationen von Kampagnen werden die Wirkungen von Sensibilisierungskampagnen separat von anderen Maßnahmen nicht evaluiert, weil sie Instrumente von Programmen staatlicher Institutionen darstellen, deren Evaluationen sich auf die „instrumentelle Zielerreichung" (vgl. STOCKMANN & MEYER, 2010) begrenzen, wie z.b. die Evaluation von sozialen Programmen der Stadtverwaltungen in Kolumbien (NINA, 2008; PAHO, 2003; GALLO & MOLINA, 2008; DUQUE et al., 2007; Alcaldía de Medellín, 2008). Es bedeutet, dass die Evaluation der Programme nur die Erreichung ihrer Ziele berücksichtigt. Außerdem ist für diese Akteure nur wichtig, dass mit oder ohne Kampagnen zielgerichtete Änderungen der Anfangssituation erfolgt sind. Als Konsequenz gibt es keine Optimierung des Kampagnen-Konzepts.

Es muss auch berücksichtigt werden, dass die Sensibilisierungskampagnen als ein selektiver Vorgang verstanden werden müssen, bei dem Einstellungen und Wissen der Adressaten eine große Rolle spielen. Diese adressatenspezifischen Faktoren wirken als Selektionsmechanismen, die die Wahrnehmung, Interpretation und Bewertung einer Botschaft bestimmen (vgl. KLEINHÜCKELKOTTEN, 2002). Auf diese Weise gibt es nicht nur beabsichtigten sondern auch unbeabsichtigten Wirkungen von Sensibilisierungskampagnen, die aufgrund der heutigen Evaluation von Programmen nicht identifiziert werden. Eine Konsequenz daraus ist die Wiederholung von Kampagnen, die keine Wirkungen oder negative Wirkungen fördern.

3. Ziel und Fragestellungen der Arbeit

Diese Studie hat zum Ziel die Entwicklung einer Methodologie zur Evaluierung der Wirkungen von öffentlichen Sensibilisierungskampagnen, die keine Evaluierung vorher oder während der Kampagnenlaufzeit haben. Dadurch wurde eine Methodologie erarbeitet und getestet, die als Grundlage zur Wirkungsmessung anderer Kampagnen herangezogen werden soll (siehe Kapitel 4).

Als Fallbeispiel werden die Sensibilisierungskampagnen über das Thema Trinkwasser, die von der Stadtverwaltung von Medellín und den Trinkwasserversorgungs-unternehmen in ländlichen Räumen von Medellín durchgeführten wurden. Dazu wurden vier Fragestellungen formuliert. Diese Fragestellungen sind auch eine Grundlage für die Sensibilisierungskampagnen-Evaluierung und anschließender Analyse ihrer Wirkungen.

Die Fragestellungen zur Evaluierung der Wirkungen der Sensibilisierungskampagnen hinsichtlich der Trinkwassernutzung in ländlichen Räumen von Medellín lauten:

- Wie nehmen die Adressaten die Sensibilisierungskampagnen zur Trinkwasser-versorgung wahr?
- Welche sozialen Faktoren beeinflussen die Wirkungen der Sensibilisierungs-kampagnen?
- Welche beabsichtigten und unbeabsichtigten Wirkungen hatten die Sensibilisierungs-kampagnen tatsächlich? Gab es Verhaltensänderungen seitens der Zielgruppen und sind diese auf die Wirkungen der Sensibilisierungskampagnen zurückzuführen?
- Hatten die Sensibilisierungskampagnen einen Einfluss auf die Trinkwasser-versorgung und auf die Wahrnehmungen der Zielgruppen, was die Trinkwasser-versorgung betrifft?

Zur Beantwortung dieser Fragen wurden unterschiedlichen Methoden verwendet. Das Methodenmix zur die Datenerhebung beinhaltet Leitfadeninterviews, Sozial-raumanalyse, Dokumentanalyse und qualitative Inhaltsanalyse. Das Design dieser Methodologie wird in Kapitel 4 detailliert dargestellt.

4. Methodik

4.1. Methodologische Anforderungen an die Erhebung von Sensibilisierungskampagnen

Die Planung der Methodologie zur Evaluierung der Wirkungen von Sensibilisierungs-kampagnen hängt viel von der Kampagnenlaufzeit ab, das heißt, ob diese Planung entweder vor oder nach der Kampagnenlaufzeit stattfindet. Obwohl das Ziel der Arbeit die Entwicklung einer Methodologie zur ex-post-Identifizierung von Wirkungen von Sensibilisierungskampagnen ist, wurden nicht nur Nachher-Evaluationen von Kampagnen analysiert, sondern auch Vorher- und Nachher-Evaluationen von Kampagnen (siehe Tabelle 4-1). Das Ziel dieser Analyse war die Feststellung von Bestandteilen zur Identifikation von Wirkungen wahrzunehmen.

Tabelle 4-1: Methodologien zur Evaluierung von Sensibilisierungskampagnen

Evaluationstyp	Methodologie
Evaluationen von Sensibilisierungskampagnen über Kondom-Nutzung	
Vorher- und Nachher- Evaluationen (SEOANE, 2002)	Quantitative Interviews mit Jugendliche zwischen 17 und 19 Jahre : Prä- und Postmessungen
	Quantitative Interviews mit ApothekerInnen: Prä- und Postmessungen
Evaluationen von Impfkampagnen	
Vorher- und Nachher- Evaluationen (BALRAJ & JHON, 1986)	Nachher-Evaluation der Erkennung der Kampagnen
	Analyse von Statistiken über die Impfungen vorher und nachher der Sensibilisierungskampagnen.
Evaluierung von Kampagnen zur Förderung von „Hygieneverhalten"	
Nachher- Evaluationen (WELTBANK et al, 2006)	Hier wurden nicht nur Befragungen zu der Zielgruppe durchgeführt, sondern auch die Beobachtung von ihrem Verhalten.
Evaluationen von Sensibilisierungskampagnen zum Inkrement des Wissensstand von Notfall-Verhütungsmitteln	
Vorher- und Nachher- Evaluationen (TRUSELL & et. al, 2001)	Zufallsauswahl-Telefoninterviews vorher und nachher der Durchführung der Sensibilisierungskampagnen: Messung der Wissensstandveränderung
	Messung der Anrufe bei Hotline zu den Notfall-Verhütungsmitteln.
Evaluationen von Präventionskampagne Haut	
Vorher- und Nachher- Evaluationen (WERZSTEIN, 2011)	Resonanzanalyse der Pressearbeit: Analyse von Zeitungen
	Prä- und Postmessungen zum Hautschutz: Was sagt die Bevölkerung zum Thema Haut?, Wie wurde die Kampagne wahrgenommen?
	Evaluationen der Trägerkampagnen
Evaluierung von Kampagnen zur Förderung von „Hygieneverhalten"	
Nachher- Evaluationen (WELTBANK et al, 2006)	Hier wurden nicht nur Befragungen zu der Zielgruppe durchgeführt, sondern auch die Beobachtung von ihrem Verhalten.
Evaluationen von Sensibilisierungskampagnen zur Minderung der häuslichen Gewalt	
Vorher- und Nachher- Evaluationen (GARCIA et al.2010)	Analyse der Inhalt der Sensibilisierungskampagnen
	Analyse von Statistiken bezüglich der häuslichen Gewalt vorher und nachher der Sensibilisierungskampagnen.

Evaluationstyp	Methodologie
Evaluationen von Anti-Raucher-Sensibilisierungskampagnen	
Experiment (GOLDMAN & et. al, 1998)	8 unterschiedliche Typen von Kampagnen wurden gezeigt
	Fokusgruppendiskussionen, dadurch wurden die effizienten Kampagnen identifiziert
Vorher- und Nachher-Evaluationen (HAFSTAD & LANGMARK, 1996)	Fragenbogen per Post (Bewusstsein, Erkennung der Kampagnen, Diskussion mit anderen Personen über das Thema und Verhaltensweise)
	Aufgetretene Probleme: Keine Kontrolle der Gruppe, die die Fragenbögen geantwortet haben, z.B. Raucher oder nicht Raucher
Evaluationen von Sensibilisierungskampagnen zur Vorbeugung von Aids	
Vorher-, Während- und Nachher-Evaluationen. Jährliche Repräsentativ-befragungen (BzgA, 2009)	Jährliche Repräsentativbefragungen (Computergestützte Telefoninterviews) bei der über 16-jährigen Bevölkerung in der Bundesrepublik Deutschland seit 1987, seit 1994 einschließlich der neuen Bundesländer
	Untersuchung der Veränderungen des Informations- und Kommunikationsverhaltens sowie von Wissen, Einstellungen und Verhaltensweisen im Zusammenhang mit Aids
Vorher- und Nachher-Evaluationen (LEHMANN & et al., 1987)	Telefoninterviews vorher und nachher der Kampagnen
	Die Analyse der Wissensstand und Erkennung der Risiken von Aids
	Klassifizierung nach Bildungsgrad
Nachher-Evaluation (KEK-CDC, 2009)	1. Bewusstsein / Problemwahrnehmung mittels einer online- Befragung nach der Kampagnenperiode. Die qualitative Datenerhebung besteht aus Interviews mit 16 Experten und Expertinnen sowie 10 Fokusgruppendiskussionen
	2. Wirkung der Kampagnen: Wissensziele (Erkennung der Kampagnen), Einstellungsziele (Beurteilung der Kampagnen) und Verhaltensziele (Verhaltensänderung)
	3. Kommunikation der Kampagnen: Sichtbarkeit und Wiedererkennung, Akzeptanz, Botschaftsverständnis, Wahrnehmung der Positionierung
	Aufgetretene Probleme: Fokusgruppendiskussionen und Interviews mit Ressource-Personen dauerten zwischen einer und zwei Stunden. Die Anzahl der Teilnehmenden der Zielgruppendiskussionen war nicht repräsentativ
Experiment (BETRÓN & BUELA, 2005)	Diese Evaluierung zeigt andere Möglichkeit, um die Wirkungen dieser Sensibilisierungskampagnen zu analysieren. Die Methodologie dieser Evaluierung war ein Experiment mit Jugendlichen zwischen 14 und 18 Jahren alt. Zuerst haben sich die Jugendlichen 6 Videos von Sensibilisierungskampagnen zur Vorbeugung von Aids angesehen. Danach wurden sie gebeten, einen Fragebogen auszufüllen. Nachher haben sie ein Fragebogen geantwortet. Somit konnten zumindest die kurzfristigen Wirkungen der Sensibilisierungskampagnen gemessen werden
Evaluationen von Sensibilisierungskampagnen zur Reduzierung von Jugendschwangerschaften	
Vorher- und Nachher-Evaluationen (DUQUE & LOPEZ, 2009)	Analyse der Inhalt der Sensibilisierungskampagnen
	Leitfadeninterviews mit den für die Programmen verantwortlichen Staatsbeamten
	Fokusgruppendiskussionen (Wiedererkennung der Sensibilisierungskampagnen)
	Analyse von Statistiken über Jugendschwangerschaften in Medellín vorher und nachher der Sensibilisierungskampagnen.

Wichtige Bestandteile für die Analyse der Wirkungen von den Kampagnen nach diesen Studien sind:

- Die Beschreibung des Inhalts der Kampagnen und der Medien.
- Die Erhebung der Wiedererkennungsgrad der Kampagnen.
- Die Erhebung der Wahrnehmung und Bewusstsein der Zielgruppen hinsichtlich des Themas der Kampagnen durch Fragebögen.
- Interviews mit Experten.

Diese Bestandteile beinhalten die Verwendung von unterschiedlichen Datenerhebungsverfahren. Deshalb wurden die zentralen Datenerhebungsverfahren untergesucht (siehe Tabelle 4-2).

Tabelle 4-2: Übersicht zu zentralen Datenerhebungsverfahren

Aus STOCKMANN & MEYER (2010) verändert

Verfahren	Beschreibung
Befragungen	
Experteninterviews (Leitfadeninterviews)	Leitfadengestütze persönliche Gespräche mit überwiegend offenen Fragen.
Survey (face-to-face)	Mündliche Befragung durch Interviewer mit Hilfe eines standardisierten Fragebogens (überwiegend geschlossene Fragen).
Computer gestützte Telefoninterviews (CATI)	Telefonische Befragung durch Interviewer mit Hilfe computergestützten Befragungssystems (überwiegend geschlossene Fragen)
Online-Befragungen	Befragung über das Internet (zumeist WWW, überwiegend geschlossene Fragen) ohne Interviewer.
Postalische Befragung	Befragung über den Postweg ohne Interviewer(überwiegend geschlossene Fragen).
Classroom-Interviews	Standardisierte Befragung einer in einem Raum anwesenden Gruppe mit Unterstützung durch einen Interviewer (überwiegend geschlossene Fragen).
Gruppendiskussionen (Fokus-Gruppen)	Offene aber moderierte Diskussion vorgegebener Fragestellungen (Interviewer ist eher Moderator, überwiegend offene Fragen).
Mehrstufige Gruppenbefragungen (Delphi-Befragung)	Mischung aus standardisierter und offener Gruppenbefragung mit Feedbackschleifen (mit und ohne Interviewer).
Beobachtung	
Zählungen	Quantitative Auszählung bestimmter anhand eines standardisierten Instruments durch nicht-teilnehmende Beobachtung erfasster Merkmale (Erhebung erfolgt zumeist durch Hilfskräfte).
Begehungen (Sozialraumanalyse)	Besichtigung eines Ortes und nicht-standardisierte Erfassung anhand qualitativer Merkmale (zumeist durch Experten)
Teilnehmende Beobachtung	Beobachtung von Verhaltensweisen in Gruppen durch einen Teilnehmer (zumeist durch Forscher).
Verdeckte Ermittlung (Observation)	Unbemerkte und den beobachteten Personen nicht mitgeteilte Beobachtung von Verhaltensweisen (zumeist durch teilnehmende Hilfskraft oder technische Überwachungsgeräte wie z.B. Kameras).

Verfahren	Beschreibung
Nicht-reaktive Verfahren	
Konversations- und Diskursanalyse	Qualitative Analyse von Gesprächen, ihres Verlaufs, ihrer Funktionen und ihrer sprachlichen Details auf Grundlage von Transkriptionen (häufig im Verlauf von Beobachtungen erstellt).
Dokumentenanalyse und Qualitative Inhaltsanalyse	Qualitative Analyse von Textmaterialien anhand nicht-standardisierter Merkmale zur Erfassung des Sinns (zumeist durch Forscher).
Computergestützte Inhaltsanalyse	Quantitative Analyse von Textmaterialen anhand standardisierter Merkmale durch Computer.
Sekundäranalysen	Zumeist quantitative Auswertung bereits vorliegender Datenmaterialien (häufig Surveys oder statische Daten).
Prozessproduzierte Daten	Automatische Erfassung von Daten während des Ablaufs (z.B. Speicherung von Besucherdaten auf Webseiten).
Technische Messungen	Automatische Erfassung von Daten durch technische Messinstrumente

Zur Entscheidung für bestimmte Datenerhebungsverfahren sollten kulturellen, sozialen und wirtschaftlichen Faktoren im Untersuchungsgebiet berücksichtigt werden, deswegen werden die geeigneten Datenerhebungsverfahren für das Untersuchungsgebiet nach die Durchführung des Moduls 1 des vorliegenden Untersuchungsdesign festgestellt.

4.2. Untersuchungsdesign

Das Untersuchungsdesign der vorliegenden Studie zur Evaluierung der Wirkungen der Sensibilisierungskampagnen zum Thema Trinkwasser in ländlichen Stadtteilen von Medellín teilt sich in drei Module: 1. Modul: Literaturrecherche, 2. Modul: Sozialwissenschaftliche Datenerhebung und 3. Modul: Analyse der Wirkungen der Sensibilisierungskampagnen.

4.2.1. Modul 1: Literaturrecherche

Dieses Modul gliedert sich in drei Teilmodule: Das Ziel des ersten Teilmodul der Literaturrecherche war die Kontextualisierung der Situation der Trinkwasserversorgung in Kolumbien, z.B. Information über die räumliche Verteilung der Bevölkerung (urbane und ländlichen Räumen) und ihre Konsequenzen für die Trinkwasserversorgung, Statistiken über die Deckungsgrad der Trinkwasserversorgung in den urbanen und den ländlichen Räumen in Kolumbien (siehe Kapitel 5). Das zweite Teilmodul der Literaturrecherche umfasste auch die Analyse der rechtlichen Rahmen für die Trinkwasserversorgung von der Nationalebene bis hin zur Lokalebene von Kolumbien (siehe Kapitel 6). Die Literaturrecherche über die Situation der Trinkwasserversorgung und die Sensibilisierungskampagnen hinsichtlich der Trinkwassernutzung in dem Untersuchungsgebiet (ländliche Räume von Medellín, auch ländliche Stadtteile von Medellín), die das dritte Teilmodul der Literaturrecherche ist, war nur möglich durch die Stadtverwaltung von Medellín. Diese Literatur umfasst Studien über die hydrologischen Einzugsgebieten, die Trinkwasserversorgungssysteme und Dokumenten von den durchgeführten Sensibilisierungskampagnen zum Thema Trinkwasser im Untersuchungsgebiet. Es muss gemerkt werden, dass diese Information nicht öffentlich ist. Durch den persönlichen Kontakt mit den verantwortlichen Staatbeamten wurde diese Information erhalten. Die Statistiken über die sozialen und wirtschaftlichen Bedingungen der Bevölkerung im Untersuchungsgebiet sind auch Studien von der Stadtverwaltung von Medellín, diese Daten sind öffentlich (siehe Kapitel 7 und 8).

4.2.2. Modul 2: sozialwissenschaftliche Datenerhebung

Das Modul 2 teilt sich in vier Teilmodule. Das erste Teilmodul komplementiert die Kontextualisierung der Trinkwasserversorgungssysteme im Untersuchungsgebiet durch Besichtigungen mit Führung durch die Räume, die von den ausgewählten Trinkwasserversorgungssystemen beeinflusst werden ("Sozialraumanalyse", RIEGE & SCHUBERT, 2005). Durch diese Besichtigungen wurde nicht nur die Trinkwasserversorgung im Untersuchungsgebiet fotodokumentiert, sondern auch die sozialen und wirtschaftlichen Bedingungen, die sowohl die Trinkwasserversorgung als die Wahrnehmung der Sensibilisierungskampagnen über Trinkwasser beeinflussen.

Mit Hilfe der Literaturrecherche über die Lokalebene und den Besichtigungen durch das Untersuchungsgebiet wurde in dem Untersuchungsgebiet erkannt, welche Akteure der Sensibilisierungskampagnen bezüglich des Themas Trinkwasser beteiligt sind: Bevölkerung (Zielgruppe), Trinkwasserversorgungsunternehmen und Stadtverwaltung von Medellín (siehe Kapitel 8).

Nach der Analyse der kulturellen, sozialen und wirtschaftlichen Faktoren im untersuchungsgebiet wurden die Datenerhebungsmethoden festgestellt. Für viele von den analysierten Evaluationen von Sensibilisierungskampagnen waren die Befragungen im Untersuchungsgebiet eine Methode, um die Wahrnehmung der Zielgruppen der Sensibilisierungskampagnen zu dokumentieren und anschließend um eine Analyse der Wirkungen der Sensibilisierungskampagnen durchzuführen (siehe Tabelle 4-1). Die Mehrheit der analysierten Evaluationen realisierten Vorher- und Nachher-Befragungen.

Andere führten nur Nachher-Befragungen durch und analysierten Statistiken über die Verhaltensweise hinsichtlich des Themas zur Feststellung der Wirkungen.

Da vor Beginn der Sensibilisierungskampagnen keine Studie über den Wissensstand der Bevölkerung über das Thema Trinkwassernutzung in dem Untersuchungsgebiet dieser Studie durchgeführt wurde, konnten nur Nachher-Befragungen zur Erhebung des Wissensstands und die Verhaltensweise der Bevölkerung realisiert werden. Es ist wichtig, dass die Befragten in der Lage sind, frei zu antworten. Eine schnelle und zuverlässige Methode sind qualitative Daten, die in der qualitativen Forschung mittels Erzählung oder Leitfadeninterview gewonnen werden, weil ein Leitfaden mit offen formulierten Fragen dem Interview zu Grunde liegt („Face-to-Face Interview", MAYER, 2009:37).

Aufgrund kulturelle und wirtschaftliche Faktoren der Bevölkerung im Untersuchungs-gebiet, wie z.B. Vertrauenswürdigkeit, Mangel an Telefonapparate, u.a., sind anderen Datenerhebungsverfahren wie Computer gestützte Telefoninterviews, Online-Befragungen, Postalische Befragung (siehe Tabelle 4-2) wie in vielen der analysierten Evaluationen (siehe Tabelle 4-1) nicht geeignet.

Vor der Formulierung der Fragen der Leitfadeninterviews (siehe Anlage 1) ist es wichtig zuerst die Sensibilisierungskampagnen zu recherchieren und auszuwerten. Die Recherche und Auswertung der Sensibilisierungskampagnen stellen das zweite Teilmodul dar. Die Kampagnen werden qualitativ nach ihren Zielen, Inhalten, Zielgruppen und Medien analysiert („Dokumentenanalyse und Qualitative Inhaltsanalyse", MAYRING, 2007) (siehe Kapitel 9), wie in den Studien von DUQUE & LOPEZ (2009) und GARCIA et al. (2010). Nach dieser Analyse wird das Leitfadeninterview entwickelt (dritte Teil Modul – Leitfadeninterviewsdesign).

Zum anderen ist die Wahrnehmung der Experten bedeutsam (z.B. DUQUE & LOPEZ, 2009; WERZSTEIN, 2011; SEOANE, 2002): Staatsbeamte, kommunale Repräsen-tanten bzw. Repräsentantinnen und die Mitarbeiter der Trinkwasserversorgungs-unternehmen. Für die Experten sind die „Leitfadeninterviews" nach BOGNER u.a. (2005). Das Ziel dieser Interviews ist nicht nach Konzepten zu fragen, sondern nach der Entwicklung der Trinkwasserversorgung und der Akzeptanz in der Bevölkerung (siehe Anlage 2). (Die Erfassung von der Wahrnehmung der Zielgruppen und der Experten gehören zu dem vierten Teilmodul.

4.2.3. Modul 3: Analyse der Wirkungen der Sensibilisierungskampagnen

Zu dem dritten Modul gehört die Analyse der in den Module 1 und 2 gewonnenen Informationen.

Erstes Teilmodul ist die Analyse der Wahrnehmung der Zielgruppen (siehe Kapitel 10). Hier wurde eine Häufigkeitsanalyse für die Fragen über Konzepten durchgeführt. Danach wurden die Konsequenzen dieser Wahrnehmung für die Trinkwasserversorgung im Untersuchungsgebiet erklärt (qualitative Sozialforschung).

Zweites Teilmodul ist die Analyse der Wahrnehmung der Experten, mit der wurden diese Konsequenzen und Wirkungen feststellt. Diese Analyse ist ein Komplement der qualitativen Sozialforschung im Teilmodul 1, obwohl hier die Vertiefungen in Fallstudien genutzt werden (siehe Kapitel 10 und 11).

Drittes Teilmodul ist die Identifizierung von Wirkungen der zum Thema Trinkwasser im Untersuchungsgebiet dargestellt (siehe Kapitel 11). Dazu wurde auch eine Häufigkeitsanalyse für die Fragen über Verhaltensweise durchgeführt. Danach wurden Explikationen von Fallstudien (Befragten) herangetragen, um Verhaltensänderungen mit den Sensibilisierungskampagnen zu verbinden.

Als Zusammenfassung der Methodologie wird das Gesamtdesign der Untersuchung in Abbildung 4-1 dargestellt.

4.3. Begründung des ausgewählten Untersuchungsgebiets

Das Bauen oder Verbesserung von Trinkwasserversorgungssystemen in ländlichen Räumen ist nicht einfach. Es gibt einerseits verschiedene Probleme wegen der raumzeitlichen Dynamik der Wasserquelle und der Wassernutzung z.B. Schwankungen Wasserbereitstellung, räumliche Unterschiede der Trinkwassernachfrage, zeitliche Schwankungen Trinkwassernachfrage, und andererseits kulturelle, soziale und wirtschaftliche Faktoren, die die Entwicklung derartiger Institutionen erleichtern oder hemmen können (vgl. ANAND, 2007). In den ländlichen Stadtteilen von Medellín

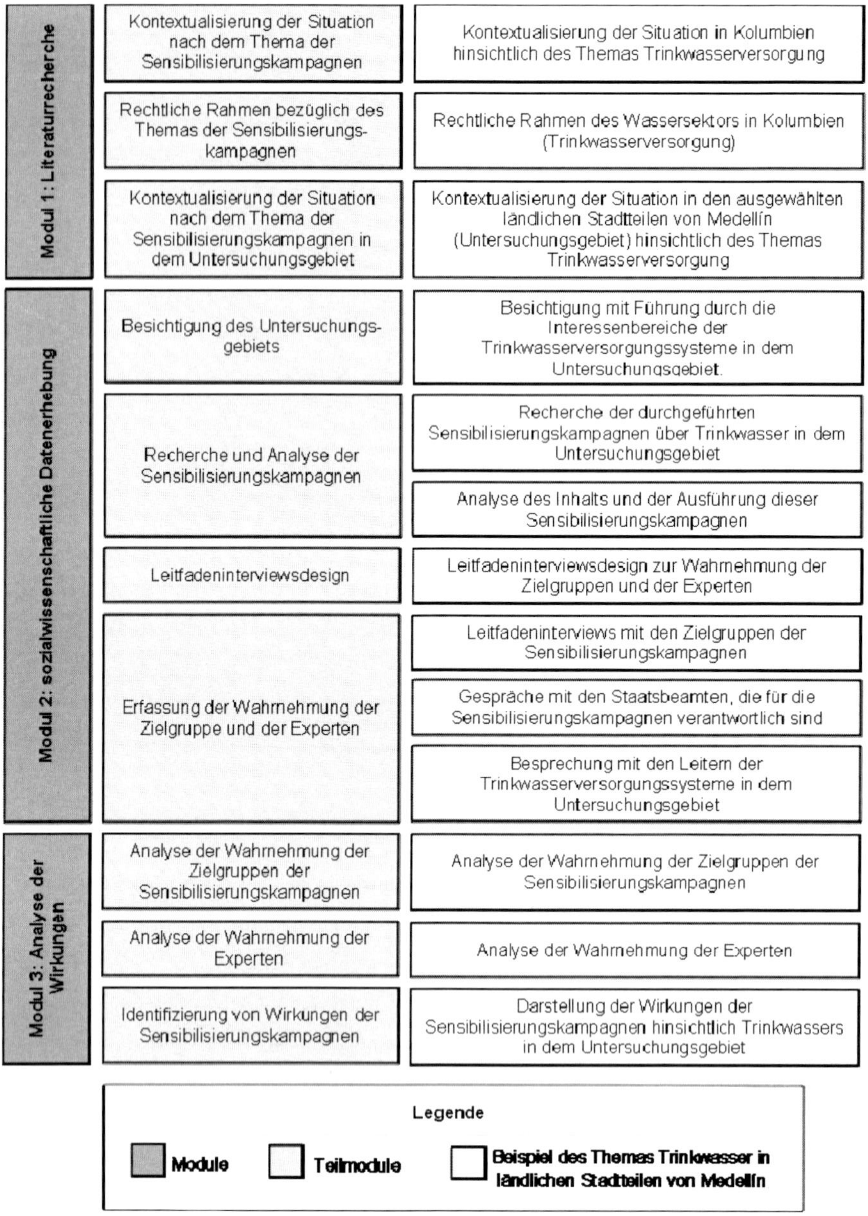

Modul 1: Literaturrecherche	Kontextualisierung der Situation nach dem Thema der Sensibilisierungskampagnen	Kontextualisierung der Situation in Kolumbien hinsichtlich des Themas Trinkwasserversorgung
	Rechtliche Rahmen bezüglich des Themas der Sensibilisierungs-kampagnen	Rechtliche Rahmen des Wassersektors in Kolumbien (Trinkwasserversorgung)
	Kontextualisierung der Situation nach dem Thema der Sensibilisierungskampagnen in dem Untersuchungsgebiet	Kontextualisierung der Situation in den ausgewählten ländlichen Stadtteilen von Medellín (Untersuchungsgebiet) hinsichtlich des Themas Trinkwasserversorgung

Modul 2: sozialwissenschaftliche Datenerhebung	Besichtigung des Untersuchungs-gebiets	Besichtigung mit Führung durch die Interessenbereiche der Trinkwasserversorgungssysteme in dem Untersuchungsgebiet
	Recherche und Analyse der Sensibilisierungskampagnen	Recherche der durchgeführten Sensibilisierungskampagnen über Trinkwasser in dem Untersuchungsgebiet
		Analyse des Inhalts und der Ausführung dieser Sensibilisierungskampagnen
	Leitfadeninterviewsdesign	Leitfadeninterviewsdesign zur Wahrnehmung der Zielgruppen und der Experten
	Erfassung der Wahrnehmung der Zielgruppe und der Experten	Leitfadeninterviews mit den Zielgruppen der Sensibilisierungskampagnen
		Gespräche mit den Staatsbeamten, die für die Sensibilisierungskampagnen verantwortlich sind
		Besprechung mit den Leitern der Trinkwasserversorgungssysteme in dem Untersuchungsgebiet

Modul 3: Analyse der Wirkungen	Analyse der Wahrnehmung der Zielgruppen der Sensibilisierungskampagnen	Analyse der Wahrnehmung der Zielgruppen der Sensibilisierungskampagnen
	Analyse der Wahrnehmung der Experten	Analyse der Wahrnehmung der Experten
	Identifizierung von Wirkungen der Sensibilisierungskampagnen	Darstellung der Wirkungen der Sensibilisierungskampagnen hinsichtlich Trinkwassers in dem Untersuchungsgebiet

Legende

▮ Module   ▯ Teilmodule   ▯ Beispiel des Themas Trinkwasser in ländlichen Stadtteilen von Medellín

Abbildung 4-1: Methodenbausteine der Untersuchung

(siehe Kapitel 7) werden sowohl das aktuelle Management der Trinkwasser-versorgungsunternehmen als die Akzeptanz der Trinkwassernutzung durch

14

unterschiedliche Faktoren erschwert. Beispielhaft sind diese Trinkwasserversorgungs-unternehmen eine quasi-Monopolstellung, das heißt, dass die Einwohner dieser Räumen die Möglichkeit Rohwasserversorgungsunternehmen zu nutzen haben, obwohl das Wasser dieser anderen Unternehmen die definierten gesetzlichen Kriterien für die Trinkwasserqualität in Kolumbien nicht erfüllt.

Zur Beeinflussung dieser kulturellen, sozialen und wirtschaftlichen Faktoren werden regelmäßig Sensibilisierungskampagnen von den öffentlichen Trinkwasserversorgungs-unternehmen und der Stadtverwaltung von Medellín seit Anfang des Betriebs (1993 – 2000) der Trinkwasserversorgungssysteme durchgeführt. Vor Beginn der Feldforschung dieser Studie war die Evaluierung der beabsichtigten oder unbeabsichtigten Wirkungen der obengenannten Sensibilisierungskampagnen weder geplant noch realisiert.

Alle diese Aspekte bestimmen die Sensibilisierungskampagnen hinsichtlich der Trink-wassernutzung in ländlichen Stadtteilen von Medellín als geeignetes Untersuchungs-gebiet, um die gearbeitete Methodologie zu testen.

4.4. Recherche und Auswertung der Sensibilisierungskampagnen

Die Informationsquelle für durchgeführte Sensibilisierungskampagnen über Trinkwasser sind die Kampagnenbetreiber, die im Untersuchungsgebiet die Stadtverwaltung von Medellín und die Trinkwasserversorgungsunternehmen sind. Die Dokumentierung der Sensibilisierungskampagnen ist auch unterschiedlich:

- Die Stadtverwaltung dokumentiert ihre Kampagnen seit 2008. Die Dokumentierung besteht aus Fotos der Veranstaltungen, Zeitungen mit ihrer Werbung, Radiospots, Plakaten. Die Ziele, die Zielgruppen sowie die Entwicklung (falls der Veran-staltungen) werden kaum dokumentiert.
- Die Trinkwasserversorgungsunternehmen dokumentieren nicht ihre Sen-sibilisierungskampagnen. Einige haben wenige Exemplare von ihren Kampagnen.

Andere Informationsquelle waren die Berichte des „Programms zur effizienten Wasserverbrauch" von den Trinkwasserversorgungsunternehmen. Diese Berichte waren von der Stadtverwaltung gesammelt. Die Leitfadeninterviews mit den Leitern der Trinkwasserversorgungsunternehmen ermittelten auch Information über die durchgeführten Sensibilisierungskampagnen.

Nach der Recherche wurden die Kampagnen qualitativ nach ihren Zielen, Inhalten,

Zielgruppen und Medien klassifiziert und ausgewertet (siehe Kapitel 9).

4.5. Leitfadeninterviewsdesign

Nach der Analyse des Inhalts, der Zielgruppen und der Medien der durchgeführten Sensibilisierungskampagnen hinsichtlich der Trinkwassernutzung seit der Gründung der Trinkwasserversorgungsunternehmen im Untersuchungsgebiet wurden unterschiedlichen Fragen bestimmt. Die Fragen des Leitfadeninterviews zur Erfassung der Wahrnehmung, der Verhaltensweise sowie ihrer Gründe seitens der Zielgruppe der Sensibilisierungskampagnen hinsichtlich des Themas Trinkwasser teilten sich in den Themen der durchgeführten Sensibilisierungskampagnen in dem Untersuchungsgebiet wie folgt:

- Sensibilisierungskampagnen über Trinkwasser: Fragen nach den Begriffen Trinkwasser und den durch verschmutztes Wasser ausgelösten Krankheiten und Epidemien sowie nach den Unterschieden zwischen dem Trinkwasser und dem Rohwasser.
- Sensibilisierungskampagnen über die Trinkwasserversorgung: Fragen nach der Erkennung der Trinkwasserversorgung als öffentliche Dienstleistung. Die Identifizierung des verwendeten Wasserversorgungssystems (Roh- oder Trinkwasserversorgungssystem) und Nutzung des Wassers.
- Sensibilisierungskampagnen über das Trinkwasserversorgungssystem: Fragen nach der Rolle des Wasseraufbereitungssystems, die Trinkwasserqualität und die Anwesenheit bei Aktivitäten des Trinkwasserversorgungsunternehmens.
- Sensibilisierungskampagnen über das Rechnungssystem der Trinkwasserversorgung: Fragen nach dem Rechnungssystem und Erkennung von Werten wie der Trinkwasserkonsum oder die Subventionen bzw. die Kontributionen.

Fragen nach demographischen Daten wie dem Geschlecht, dem Alter, dem Bildungsniveau und der sozioökonomischen Schicht wurden am Ende gestellt und werden zur Analyse der sozialen Faktoren benötig. Die Fragen des Leitfadeninterviews für Kampagnen-Zielgruppen sind aus Anlage 1 ersichtlich.

4.6. Erhebung der Wahrnehmung der Zielgruppen der Sensibilisierungskampagnen (angeschlossenen Nutzer)

4.6.1. Grundgesamtheit und Stichprobe

Ursprünglich sollte das Untersuchungsgebiet die ländlichen Stadtteile von Medellín umfassen. Aufgrund von Problemen mit der Verfügbarkeit und der Disposition einiger Trinkwasserversorgungssysteme in den östlich von Medellín gelegenen ländlichen Stadtteilen musste es auf die westlich von Medellín gelegenen ländlichen Stadtteile begrenzt werden. Diese ländlichen Stadtteile sind Altavista, San Antonio de Prado, San Cristobal und San Sebastián de Palmitas. In diesen ländlichen Stadtteilen sind insgesamt 11 Trinkwasserversorgungssysteme in Betrieb und drei im Bau (siehe Tabelle 4-3).

Tabelle 4-3: Trinkwasserversorgungsunternehmen in den westlich von Medellín gelegenen ländlichen Stadtteilen
Quelle: Stadtverwaltung von Medellín (2010a)

Ländlicher Stadtteil	Trinkwasserversorgungsunternehmen	Stand
Altavista	Corporación de *Acueducto Altavista*	In Betrieb seit 1993
	Junta Administradora *Acueducto Aguas Frías*	In Betrieb seit 2000
	Junta Administradora *Acueducto Manzanillo*	In Betrieb seit 2001
San Antonio de Prado	Corporación de *Acueducto Montañita*	In Betrieb seit 1996
	Junta Administradora *Acueducto La Sorbetana*	In Betrieb seit 2000
	Corporación de *Acueducto San José*	In Betrieb seit 1994
	Junta Administradora *Acueducto El Manantial*	In Betrieb seit 2000
San Cristobal	Junta Administradora *Acueducto La Iguaná*	In Betrieb seit 2000
	Junta Administradora *Acueducto El Hato*	In Betrieb seit 2000
	Corporación de *Acueducto Arcoiris*	In Betrieb seit 1999
	Corporación de *Acueducto La Acuarela*	In Betrieb seit 1995
San Sebastián de Palmitas	Acueducto Multiveradal La Volcana	Im Bau
	Acueducto Palmitas Central	Im Bau
	Acueducto Multiveradal La China	Im Bau

Wichtig für die Erhebung der Wahrnehmung der Sensibilisierungskampagnen zum Thema Trinkwasser in den ländlichen Stadtteilen von Medellín ist, dass die Einwohner der Veredas die Möglichkeit ein Anschluss mit einem Trinkwasserversorgungssystem haben, weil ein Ziel dieser Sensibilisierungskampagnen die Akzeptanz der Trinkwasserversorgungsunternehmen ist. Auf diesen Grund umfasst das Untersuchungsgebiet nur die Trinkwasserversorgungssysteme der ländlichen Stadtteile Altavista, San Antonio de Prado und San Cristobal (siehe Anlage 3).

Die Anzahl der Wohnungen mit Anschluss an das Trinkwasserversorgungsnetz der 11 gewählten Trinkwasserversorgungsunternehmen ist die Grundgesamtheit für die Leitfadeninterviews. Obwohl es auch Wohnungen ohne Anschluss gibt, ist die Anzahl dieser Wohnungen nach den von den ausgewählten Trinkwasserversorgungs-unternehmen beeinflussten Räumen nicht verfügbar. Außerdem kann es gesagt werden, dass die Sensibilisierungskampagnen über Trinkwassernutzung zum Teil keine Wirkung auf die Einwohner der Wohnungen ohne Anschluss hatten. Somit betrug die Grundgesamtheit 5.882 angeschlossene Nutzer, laut der Stadtverwaltung von Medellín (2010).

Die Stichprobengröße wurde mit folgender Formel bestimmt (DENZ, 1989; KAPLITZA, 1989 zitiert in MAYER, 2009):

$$n = \frac{t^2 \cdot N \cdot p \cdot (1-p)}{t^2 \cdot p \cdot (1-p) + d^2 \cdot (N-1)}$$

Wobei: n: Umfang der Stichprobe; N: Umfang der Grundgesamtheit; t: Sicherheitsfaktor; p: Anteil der Elemente in der Stichprobe, die die Merk-malsausprägung aufweisen (Maximum bei 0,5); d: Stichprobenfehler.

Bei einer Irrtumswahrscheinlichkeit der Aussage von α = 5% (die Sicherheit der Aussagen ist damit 95 Prozent) beträgt der Sicherheitsfaktor t ca. 2. Wird nun für p der Wert 0,5 eingesetzt, so erhält man:

$$n = \frac{N}{1 + d^2 \cdot (N-1)}$$

Mit einer Grundgesamtheit (N) und einem Fehler (d) von 5882 angeschlossenen Nutzer bzw. 8,85% (0,0885) betrug somit der Umfang der Stichprobe (n) 125 Leitfadeninterviews. Da sich die Grundgesamtheit in mehrere Untergruppen (Trinkwasserversorgungsunternehmen) teilt, war eine geschichtete Stichprobe sinnvoll. Die Trinkwasserversorgungsunternehmen wurden dann nach ihrer Benutzeranzahl eingeteilt und anschließend wurde der Stichprobenwert jedes Trinkwasser-versorgungsunternehmens im gleichen Verhältnis wie in der Grundgesamtheit (proportionale Schichtung) ermittelt (siehe Tabelle 4-4). Auf diese Weise können die Stichprobewerte aller Trinkwasserversorgungsunternehmen aufaddiert werden (vgl. MAYER, 2009).

Tabelle 4-4: Grundgesamtheit und geschichtete Stichprobe
Quelle Grundgesamtheit: Stadtverwaltung von Medellín (2011a)

Ländlicher Stadtteil	Trinkwasserversorgungsunternehmen	Angeschlossene Nutzer (Grundgesamtheit)	Geschichtete Stichprobe
Altavista	Acueducto Manzanillo	247	5
	Acueducto Aguas Frías	220	5
	Acueducto Altavista	1458	31
San Antonio de Prado	Acueducto Montañita	74	2
	Acueducto La Sorbetana	82	2
	Acueducto San José	106	2
	Acueducto El Manantial	298	6
San Cristobal	Acueducto La Iguaná	250	5
	Acueducto El Hato	331	7
	Acueducto Arcoiris	535	11
	Acueducto La Acuarela	2281	48
Σ		5882	125

Da die Wohnungen in Kolumbien nach sozioökonomischen Schichten klassifiziert werden (siehe Kapitel 5), ist es auch wichtig, eine geschichtete Stichprobe für jedes Trinkwasserversorgungsunternehmen zu berechnen (siehe Tabelle 4-5).

Tabelle 4-5: Geschichtete Stichprobe nach sozioökonomischen Schichten

Quelle Nutzer nach sozioökonomischen Schichten: Stadtverwaltung von Medellín (2011a)

Trinkwasserversorgungs-unternehmen	Angeschlossene Nutzer nach sozioökonomischen Schichten						Geschichtete Stichprobe nach sozioökonomischen Schichten					
	1	2	3	4	5	6	1	2	3	4	5	6
Acueducto Manzanillo	93	151	2	1	0	0	2	3	0	0	0	0
Acueducto Aguas Frias	27	182	11	0	0	0	1	4	0	0	0	0
Acueducto Altavista	2	1449	7	0	0	0	0	31	0	0	0	0
Acueducto Montañita	3	50	12	9	0	0	0	1	0	0	0	0
Acueducto La Sorbetana	6	66	6	4	0	0	0	1	0	0	0	0
Acueducto San José	0	83	13	10	0	0	0	2	0	0	0	0
Acueducto El Manantial	10	239	46	13	0	0	0	5	1	0	0	0
Acueducto La Iguaná	11	219	22	9	0	0	0	4	0	0	0	0
Acueducto El Hato	12	248	40	22	12	9	0	5	1	0	0	0
Acueducto Arco Iris	18	518	17	0	0	0	0	11	0	0	0	0
Acueducto La Acuarela	78	2189	89	1	2	0	2	45	2	0	0	0
Σ	261	5396	268	73	19	15	5	112	5	1	0	0

4.6.2. Änderung der Stichprobe

Es ist anzumerken, dass einerseits die Stichprobe in den drei Trinkwasserversorgungsunternehmen Acueducto Montañita, Acueducto La Sorbetana und Acueducto San José jeweils aus zwei Leitfadeninterviews für jedes Trinkwasserversorgungssystem bestand. Außerdem umfasste die geschichtete Stichprobe nicht alle der sozioökonomischen Schichte. Folglich wurde nur ein Trinkwasserversorgungssystem von den dreien ausgewählt (Acueducto Montañita), um die Summe der Leitfadeninterviews dieser drei Trinkwasserversorgungsunternehmen durchzuführen.

Andererseits umfasste die Stichprobe für die Trinkwasserversorgungssystemen mit mehr als 1400 angeschlossenen Nutzern (Acueducto Altavista und Acueducto La Acualera) ungefähr 64% der Leitfadeninterviews. Eine Analyse mit dieser Verteilung der Stichprobe hat eine große Wahrscheinlichkeit, von den Antworten der Nutzer dieser zwei Trinkwasserversorgungsunternehmen geprägt zu sein. Deshalb wurde eine neue geschichtete Stichprobe berechnet, ohne diese zwei Trinkwasserversorgungs- unternehmen zu berücksichtigen (siehe Tabelle 4-6).

Die befragten Trinkwasserversorgungssysteme mit dieser geschichteten Stichprobe waren Acueducto Aguas Frías, Acueducto La Iguaná und Acueducto El Hato.

Tabelle 4-6: Grundgesamtheit und geänderte geschichtete Stichprobe
Quelle Grundgesamtheit: Stadtverwaltung von Medellín (2011a)

Trinkwasserversorgunsunternehmen	Angeschlossene Nutzer (Grundgesamtheit)	Geänderte Geschichtete Stichprobe
Acueducto Manzanillo	247	14
Acueducto Aguas Frías	220	13
Acueducto Altavista	1458	0
Acueducto Montañita	74	15
Acueducto La Sorbetana	82	0
Acueducto San José	106	0
Acueducto El Manantial	298	17
Acueducto La Iguaná	250	15
Acueducto El Hato	331	19
Acueducto Arcoiris	535	31
Acueducto La Acuarela	2281	0
Σ	5882	125

In dem Zeitraum der Feldforschung (März – April 2011) gab es in Kolumbien starke Regenfälle, die verschiedene Schäden angerichtet hatten, bspw. Erdrutsche, die die Straßen zu den „Veredas" versperrten oder Schäden an den Trinkwasserver- sorgungssystemen verursachten (Zerstörung wichtiger Wasseraufbereitungsanlagen und Trinkwasserleitungen). Einer dieser Schäden betraf die Wasserversorgung des Acueducto Arcoiris. Die Benutzer hatten über 5 Tage keine Trinkwasserversorgung und in Folge dessen war es nicht möglich die Interviews mit diesen Benutzern durchzuführen, weil diese Situation die Antworten der Einwohner dieser Veredas beeinflusste. Somit war es nötig, eine neue geschichtete Stichprobe zu berechnen, die in der Tabelle 4-7 gezeigt wird. Die Tabelle zeigt auch die Anzahl der durchgeführten Leitfadeninterviews vor der neuen Berechnung und auch die gesamten durchgeführten Leitfadeninterviews während der Feldforschung.

4.6.3. Durchführung der Leitfadeninterviews

Da die Verfasserin vor der Untersuchung keine Kenntnis über die Lage der Wohnungen der mit einem Trinkwasserversorgungsunternehmen angeschlossene Nutzer in dem Untersuchungsgebiet hatte, war die Beratung durch einen Mitarbeiter jedes Trinkwasserversorgungsunternehmens nötig, weil sie Kenntnisse über die Benutzer hatten. Die Anwesenheit dieses Mitarbeiters hatte auch einen anderen Effekt: die Verfasserin und das Interview gewannen an Zuverlässigkeit und Glaubhaftigkeit, denn die Benutzer wussten, dass der Mitarbeiter zu dem Trinkwasserversorgungs-unternehmen gehörte. Es ist wichtig anzumerken, dass die Anwesenheit des Mitarbeiters nur einen geringen Ausstrahlungseffekt hatte. Ein Grund dafür ist, dass die Fragen der Leitfadeninterviews nicht nach Information der Funktionen der Mitarbeiter waren. Um die Benutzer auszuwählen, wurde ein anderes Merkmal, die sozioökonomische Schicht (siehe Tabelle 4-6), genutzt. Mit Unterstützung des Mitarbeiters konnten die Befragten der jeweiligen soziökonomischen Schicht zugeordnet werden.

Tabelle 4-7: Neue geschichtete Stichprobe und durchgeführte Interviews

Trinkwasserversorguns-unternehmen	Durchgeführte Leitfaden-interviews vor der Änderung der Stichprobe	Neue geschichtete Stichprobe	Durchge-führte Interviews	Durchgeführte Leitfadenterviews nach sozioökonomischen Schichten					
				1	2	3	4	5	6
Acueducto Manzanillo	0	22	22	8	14	0	0	0	0
Acueducto Aguas Frías	13	0	13	3	8	2	0	0	0
Acueducto Altavista	0	0	0	0	0	0	0	0	0
Acueducto Montañita	0	23	20	1	16	2	1	0	0
Acueducto La Sorbetana	0	0	0	0	0	0	0	0	0
Acueducto San José	0	0	0	0	0	0	0	0	0
Acueducto El Manantial	0	27	30	0	24	6	0	0	0
Acueducto La Iguaná	16	0	16	2	12	1	1	0	0
Acueducto El Hato	24	0	24	2	16	2	2	1	1
Acueducto Arcoiris	0	0	0	0	0	0	0	0	0
Acueducto La Acuarela	0	0	0	0	0	0	0	0	0
Σ	53	72	125	16	90	13	4	1	1

4.7. Erhebung der Wahrnehmung der Experten

Zusammen mit Staatsbeamten des Sekretariats zur Sozialentwicklung (Secretaría de Desarrollo Social) und des Gesundheitssekretariats der Stadtverwaltung von Medellín wurden drei Trinkwasserversorgungssysteme besichtigt, dennoch hat die Stadtverwaltung dieser Besichtigungen nicht aufgrund der vorliegenden Studie geplant, sondern aufgrund einer Evaluation vom Gesundheitssekretariat der Stadtverwaltung von Medellín. Das Gesundheitssekretariat evaluierte die Qualität der Dienstleistung durch Überwachung der Wasseraufbereitungsanlagen und Messung von chemischen Parametern des Trinkwassers in dem Trinkwasserversorgungsnetz. Da die Besichtigungen die wichtigsten Anlageteile der Trinkwasserversorgungsanlage: Wassergewinnung, Wasseraufbereitung, Trinkwasserspeicherung und Trinkwasserverteilung berücksichtigten, wurden die Räume (Veredas), die von den ausgewählten Trinkwasserversorgungsunternehmen beeinflusst werden, beobachten und fotodokumentiert. Während der Besichtigungen gab es informelle Gespräche mit den Staatsbeamten. Für diese Arbeit gehören diese Besichtigungen zum Modul 2.

Die Leiter der sechs Trinkwasserversorgungssysteme wurden auch befragt, hier wurden Leitfadeninterviews durchgeführt. Die Befragungen fanden ohne Anwesenheit der Staatsbeamten statt, bewusst geplant, um Ausstrahlungseffekte aufgrund von Hierarchiewahrnehmungen (Stadtverwaltung ist Finanzgeber für diese Trinkwasserversorgungsunternehmen) zu vermeiden (die Fragen des Leitfadeninterviews für die Leiter der Trinkwasserversorgungssysteme sind aus Anlage 2 ersichtlich).

5. Trinkwasserversorgung in ländlichen Räumen in Kolumbien

Bestandteil der gearbeiteten Methodologie ist den Kontext der Trinkwasserversorgung in Kolumbien darzustellen. Dazu wird zuerst der Begriff „Trinkwasser" im kolumbianischen Zusammenhang erklärt, weil seine Bedeutung eine bedeutsame Rolle für die Sensibilisierungskampagnen zum Thema Trinkwasser spielt. Mit Hilfe der Wasserverfügbarkeit werden Wassernutzungskonflikten vorgewiesen, die die Trinkwassernutzung beeinträchtigen können. Die Unterschiede bei der Trinkwasserversorgung zwischen den ländlichen und den städtischen Räumen werden durch das Bevölkerungswachstum, die Bevölkerungsverteilung und den Wohlstand analysiert.

5.1. Erklärung des Begriffs „Trinkwasser"

Nach den kolumbianischen technischen Regelungen des Wasser- und Abfallsektors (Reglamento Técnico del Sector de Agua Potable y Saneamiento Básico – RAS) ist Trinkwasser als Wasser für den menschlichen Gebrauch definiert, weil es die rechtlich vorgegebenen und im technischen Regelwerk festgelegten Güteeigenschaften erfüllt (CRA, 2000). Für Trinkwasser sind die chemisch-physikalischen und mikrobiologischen Mindestanforderungen und Grenzwerte in dem Dekret über Qualitätsschutz und -kontrolle von Wasser für den menschlichen Gebrauch (Dekret 1575 von 2007) verankert.

5.2. Wasserverfügbarkeit in Kolumbien

Aufgrund der geographischen Lage in den Tropen und anderen geographischen und atmosphärischen Aspekten liegt der Niederschlag in Kolumbien bei 3.000 mm/a, die Evapotranspiration bei 1.180mm/a und der Abfluss bei 1.830 mm/a (IDEAM et al., 2004).

Im Vergleich zu den Werten von Südamerika und der Welt, 1.600 mm/a bzw. 900 mm/a, besitzt Kolumbien einen Wasserreichtum, der sich in einem ausgedehnten Flusssystem, vorteilhafter Beschaffenheit zur Grundwasserneubildung und großen Flächenausdehnungen von Feuchtgebieten zeigt (vgl. IDEAM, 2010a).

23

Nicht nur die Wasserverfügbarkeit ist wichtig, sondern auch die Wasserabgabe, die sich in verschiede Sektoren gliedert. Der Wasserabgabe jedes Sektors sowie ihres Prozentanteils wird in der Tabelle 5-1 dargestellt. Hier werden die Wasser-nutzungskonflikte deutlich. Eine Situation ist die Konkurrenz zwischen den Sektoren. Beispielhaft betrug der Anteil der Wasserabgabe zur Landwirtschaft ungefähr 54 Prozent, der damit das Sechsfache der Wasserabgabe zur Trinkwasserversorgung bemisst. Die Konkurrenz zwischen diesen zwei Sektoren liegt nicht nur in der Wassermenge. Die Nutzung von Düngern und Pestiziden ohne Kontrolle in der Landwirtschaft verunreinigen das Grundwasser und die Fließgewässer, in denen sich Wassergewinnungsanlagen zur Trinkwasserversorgung befinden können. Dadurch wird die Wasserbeschaffenheit so verändert, dass die Trinkwasserqualität mit den aktuellen Wasseraufbereitungsanlagen nicht erreicht werden konnte. Deshalb werden die Kosten der Trinkwasserversorgung inkrementiert, um die Wasseraufbereitungsanlagen zu verbessern oder um neue Anlage zu bauen. Eine andere Situation ist die Versorgung mit Wasser, das die Trinkwasserqualität nicht erfüllt. Zum anderen übt diese Konkurrenz, z.B. aufgrund der Veränderungen der Wasserbeschaffenheit oder der Wasserumleitung, Druck auf die Ökosysteme aus.

Tabelle 5-1: Wasserabgabe in Kolumbien im Jahr 2008
Nach IDEAM (2010b) verändert

Sektor	Gesamtwassermenge (Mm^3)	Prozentanteil
Industrie	1577	4,40
Viehwirtschaft	2220	6,19
Aquakultur	2584	7,20
Trinkwasserversorgung	3134	8,74
Energie	6976	19,44
Landwirtschaft	19386	54,03
Summe	35877	100

5.3. Bevölkerungswachstum

Nach Statistiken des DANE (Statistisches Amt von Kolumbien) belief sich die kolumbianische Bevölkerung im Jahr 2010 auf rund 46 Millionen Einwohner, 48% höher als in 1985, als die kolumbianische Bevölkerung ca.31Millionen betrug. Diese statistischen Daten berücksichtigen auch die räumliche Bevölkerungsverteilung (urbane und ländliche Räume), damit verschiedene Prozesse dargestellt werden können, wie z.B. Ballungsräume in den Städten. Während 1985 ungefähr 66,5% der Bevölkerung in den Ballungsgebieten und großen Städten lebten, betrug dieser Anteil im Jahr 2010

75,6%, was einer Steigerung von 9 Prozentpunkten in nur 25 Jahren entspricht. In Abbildung 5-1 wird dieser Prozess deutlich. Nach Meinungen von PAHO und WHO (2001) ist der Prozess der Stadtverdichtung ein bedeutsames Merkmal der Bevölkerungswissenschaft in Lateinamerika.

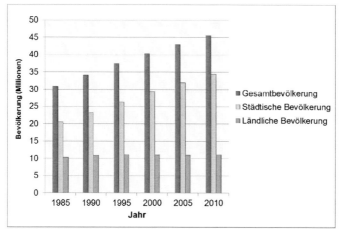

Abbildung 5-1: Entwicklung der Bevölkerung in Kolumbien von 1985 – 2010
Quelle: DANE a (o.J.)

5.4. Wohlstand

Der Human Development Index (HDI) der Vereinten Nationen (UN) ist ein Wohlstandsindikator, der die Lebensqualität eines Raumes aufzeigen kann, weil er die Entwicklung in drei wichtigen Bereichen: die Lebenserwartung, die Alphabetisierungs- quote von Erwachsenen und die Teilnahmequoten in den verschiedenen Bildungs- stufen, sowie das BIP pro Kopf berücksichtigt. Der HDI Kolumbiens ist seit 1990 gestiegen, sodass er im Jahr 2008 0,681, im Gegensatz zu 0,579 im Jahr 1990 betrug.

Die öffentliche Trinkwasserversorgung ist heutzutage wichtige Bestandteile der Infrastruktur der Gesellschaft als Daseinsvorsorge, weil die Bereitstellung von Trinkwasser in der erforderlichen Qualität und Menge Grundlage für menschliche Gesundheit, wirtschaftliche Entwicklung und Wohlstand ist (vgl. MUTSCHMANN, 2011). Bei der Analyse der Entwicklung der öffentlichen Trinkwasserversorgungssysteme zwischen 1990 und 2008 in ländlichen und urbanen Räumen kommt man zum Ergebnis, dass beide inkrementierten. Hinsichtlich des Gesundheitswesens gibt es einen Zusammenhang zwischen Trinkwasserversorgung und Abwasserentsorgung und der Gefährdung der menschlichen Gesundheit (vgl. PAHO & WHO, 2001), da die durch verschmutztes Wasser ausgelöste Krankheiten und Epidemien bei hoher Deckung und Qualität der Trinkwasserversorgung und Abwasserentsorgung zu verschwinden tendieren. Zu sehen ist dies am Beispiel der Ursachen von verschiedenen gesundheitlichen Problemen wie der Cholera und verschiedenen Darmerkrankungen, die die dritthäufigste Todesursache von Kindern unter 5 Jahre in Kolumbien sind (WHO, 2010). Die Abbildung 5-2 stellt die Zusammenhang zwischen der Lebensqualität (HDI) und der Entwicklung von Trinkwasserversorgungssystemen und sowie der Kindersterblichkeit in Kolumbien dar.

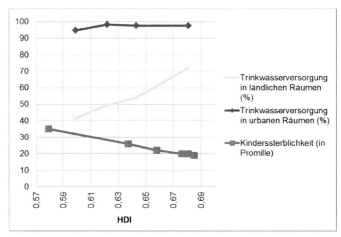

Abbildung 5-2: Zusammenhang zwischen Kolumbiens HDI und Trinkwasserversorgung und Kindersterblichkeit
Quelle: UNDP & PAHO (2010)

Hinsichtlich der räumlichen Verteilung der Trinkwasserversorgung gibt es auch eine Ungleichheit zwischen der Trinkwasserversorgung in städtischen Räumen und in ländlichen Räumen (siehe Abbildung 5-2). Diese Ungleichheit der Trinkwasser-versorgung stellt ein Risiko für die menschliche Gesundheit, wirtschaftliche Entwicklung und Wohlstand in den ländlichen Räumen dar.

6. Institutioneller, rechtlicher und organisatorischer Rahmen der Trinkwasserversorgung in Kolumbien

Die Institutionelle und rechtliche Analyse des Wassersektors in Kolumbien unterstützt nicht nur die Kontextualisierung der Situation der Trinkwasserversorgung sondern auch die Identifizierung von sozialen und wirtschaftlichen Faktoren der Bevölkerung, die die Entwicklung der Trinkwasserversorgung beeinflussen. In diesem Kapitel wird zuerst die kolumbianische Landesverwaltung dargestellt, um die institutionellen Strukturen des Wassersektors besser zu verstehen. Anschließend werden die gesetzlichen Rahmenbedingungen des Wassersektors erklärt, die für die Sensibilisierungs-kampagnen hinsichtlich der Trinkwassernutzung bedeutsam sind.

6.1. Kolumbianische Landesverwaltung

Die am 2. Juli 1991 in Kraft getretene Verfassung definiert Kolumbien als unitarischen, dezentralisierten, demokratischen, partizipativen, pluralistischen und sozialen Rechtsstaat mit Autonomie seiner territorialen Gebietskörperschaften (Art. 1). Mit dieser neuen politischen Verfassung wurde in Kolumbien ein Prozess der Bürgerbeteiligung eröffnet (Demokratie), der auf der rechtlichen Anerkennung der Grundrechte für alle Kolumbianer basiert. Besondere Schwerpunkte liegen auf dem Schutz der Menschenrechte, der Gewährung von Sonderrechten für ethnische Minderheiten, neuen Instrumenten zur politischen Beteiligung sowie innovativen Rechtsmitteln (Art. 11–94). Daneben ist auch die Ausrufung des Ausnahmezustands stärkeren Beschränkungen unterworfen (Art. 212–215).

1986 setzte ein Dezentralisierungsprozess ein, der sich zunächst in der Direktwahl der Bürgermeister niederschlug. Mit der Verfassung von 1991 wurde er noch weiter vorangetrieben, ohne jedoch ein föderales System einzuführen. Seither werden Bürgermeister und Gouverneure zwar nicht mehr von oben bestimmt, sie verfügen aber auch über keinerlei rechtliche Befugnisse. Anstatt Entscheidungen zentral zu treffen, sollte das Subsidiaritätsprinzip ausgeweitet werden. Dadurch wurde versucht, hohe Transaktionskosten zu vermeiden und die Verwaltung effizienter zu gestalten (vgl. STÜWE & RINKE, 2008). Auf diese Weise gliedert sich der Verwaltungsaufbau Kolumbiens in drei Teile (siehe Abbildung 6-1).

Die Verfassung übertrug den 32 Departamentos (siehe Anlage 4), den 1103 Gemeinden, dem Distrito Capital de Bogotá (Hauptstadtdistrikt) sowie den indigenen Gemeinden zahlreiche administrative Funktionen und fiskalische Kompetenzen (Art. 287). Von besonderer Bedeutung sind das Recht zur Erhebung der Umsatzsteuer, der Transfer eines progressiven Anteils an den laufenden nationalen Einnahmen sowie die Gewährung partieller Budgethoheit. Damit verfügen die Departamentos und Gemeinden über mehr Gestaltungsspielraum. Trotz allem behielt sich die Zentralregierung das Recht vor, in Infrastruktur- und Versorgungsentscheidungen das letzte Wort zu haben (vgl. STÜWE & RINKE, 2008)

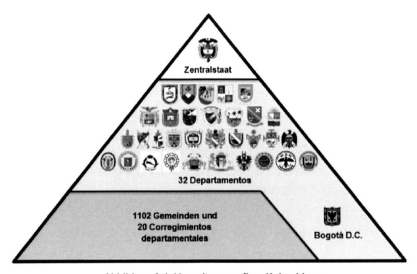

Abbildung 6-1: Verwaltungsaufbau Kolumbiens

Die Departamentos sind autonom und besitzen die Berechtigung zur Führung ihrer regionalen Angelegenheiten und zur Planung und Förderung der wirtschaftlichen und sozialen Entwicklungen ihres Hoheitsgebiets. Die Departamentos führen Verwaltungs- und Koordinationsfunktionen, sowie die Vermittlung zwischen der Region und den Gemeinden durch. Die Departementos sind in Gemeinden gegliedert. Beispielhaft wird diese Gliederung in Anlage 5 dargestellt.

Nach der Verfassung von 1991 und dem Gesetz 136 von 1994 sind die Gemeinden „fundamentale Einheit der politisch-administrativen Gebietskörperschaften des Staates". Die Gemeinden sind verantwortlich für die Dienstleistung von öffentlichen Versorgungsbetrieben, für die Schaffung der Infrastruktur zur lokalen Entwicklung- und ihrer Raumplanung, für die Förderung der Bürgerbeteiligung und für die soziale und kulturelle Verbesserung ihrer Bürger u.a. Außerdem sind die Gemeinden nur in einigen Fällen den Departamentos gegenüber weisungsgebunden, ansonsten sind sie völlig unabhängig von ihnen (vgl. ECKARDT, 1998).

6.2. Institutionelle Strukturen des Wassersektors

Im Rechtsrahmen des Gesetzes 142 von 1994 (Gesetz der öffentlichen Daseinsvorsorge) gehört die Versorgung mit Trinkwasser zu den Aufgaben der öffentlichen Daseinsvorsorge, wie auch die Abwasserentsorgung, die Sammlung und Entsorgung von Müll, die Stromversorgung, die Gasversorgung, sowie der Telefondienst. Da die Wassernutzung gleichzeitig Abwasser verursacht, gliedert sich der Wassersektor in Trinkwasserversorgung und Abwasserentsorgung. Allerdings wird der Wassersektor von der Kommission zur Regulierung der Dienstleistungen der Trinkwasserversorgung, der Abwasser- und Abfallentsorgung (Comisión Reguladora de Agua Potable y Saneamiento – CRA) reguliert.

Da die Wasserversorgung als öffentliche Dienstleistung der Daseinsvorsorge gilt, hat die Regierung in Kolumbien eine wichtige Rolle bei der Planung, Beratung, Finanzierung und Förderung zur Entwicklung des Wassersektors. Außerdem reguliert und überwacht sie diese Dienstleistung. Die Struktur der Einrichtungen des Wassersektors wird in der Abbildung 6-2 dargestellt.

Die Nationalabteilung für Planung (Departamento Nacional de Planeación - DNP) stellt den Entwicklungsplan für die Amtszeit eines Präsidenten. Der Entwicklungsplan definiert die Arbeitslinien und ihre Ziele. Die Arbeitslinien sind Wirtschaft, Wohnungs-wesen, die öffentliche Daseinsvorsorge, u.a. Der Wasser- und der Abfallsektor sind wesentliche Bausteine des Entwicklungsplanes, da eine hohe Deckung und Qualität dieser Dienstleistungen zu der Lebensqualität der Bevölkerung aufgrund der Verbesserung der Gesundheitsanforderungen und der lokalen wirtschaftlichen Entwicklung beisteuern (PAHO, 2002). Danach wird dieser Plan vom Nationalrat der wirtschaftlichen und sozialen Politik (Consejo Nacional de Política Económica y Social – CONPES) genehmigt. Das DNP legt den Plan zusätzlich dem Kongress vor.

Zur Entwicklung des Wassersektors werden die Projekte mit den Regalias von der Regierung zum Teil finanziert. Regalias sind die staatlichen Erträge aus den ökonomischen Gegenleistungen aufgrund der von nicht erneuerbaren natürlichen

Ressourcen Abbau und werden von dem Staatsfonds für Regalias (Fondo Nacional de Regalías – FNR) kontrolliert und administriert. Die Entwicklungsprojekte, insbesondere die Projekte des Entwicklungsplanes wie Wasserversorgungssysteme, werden von dem Finanzfonds für Entwicklungsprojekte (Fondo Financiero de Proyectos de Desarrollo – FONADE) vorbereitet, finanziert, administriert und durchgeführt. Über die Konstruktion, Ausrichtung, Koordination, Überwachung und Evaluierung der Politik für die Raumentwicklung, das Wohnungswesen, das Trink-und Abwasser und Abfall hat das Direktorat für Raumentwicklung (Dirección de Desarrollo Urbano – DDU) die Leitung. Mit der Kontrolle und Überwachung der öffentlichen beschäftigt sich die Aufsichts-behörde der öffentlichen Daseinsvorsorge (Superintendencia de Servicios Públicos Domiciliarios – SSPD).

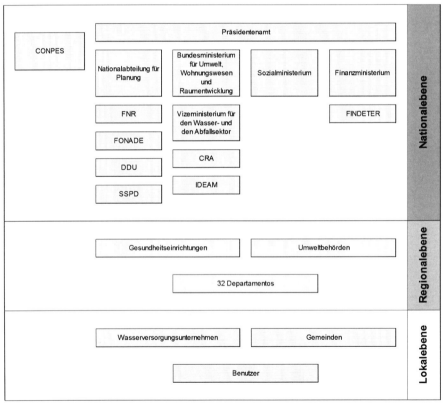

Abbildung 6-2: Struktur des Wassersektors in Kolumbien
Nach DNP (2011) verändert

Das Bundesministerium für Umwelt, Wohnungswesen und Raumentwicklung (Ministerio de Ambiente, Vivienda y Desarrollo Social – MAVDT) ist verantwortlich für die Umweltpolitik. Nach dem Dekret 216 von 2003 stellt, führt und koordiniert es die Gesetze für die öffentliche Daseinsvorsorge. Innerhalb des MAVDT regelt das Vizeministerium den Wasser- und Abfallsektor (Viceministerio de Agua y Saneamiento), dessen Rolle die Modernisierung des Sektors, die Formulierung und die Anwendung von Politik und Programmen zur Bestärkung der Dezentralisierung, der transparenten Amtsführung, einer effizienten Finanzzuweisung und der Entwicklung von wissenschaftlichen und technischen Forschung im Bereich des Wasser- und Abfallsektors sind.

Die Kommission zur Regulierung der Dienstleistungen der Trinkwasserversorgung, Abwasser- und Abfallentsorgung (Comisión Reguladora de Agua Potable y Saneamiento – CRA) wurde mit dem Dekret 1524 von 1994 gegründet und gehört auch zum MAVDT. Ihre Funktionen sind zum einen die Regulierung der ökonomischen Konkurrenz und der Monopole, die Regulierung der Tarife und der Qualität der Dienstleistungen sowie die Regulierung der Betriebsführung.

Zum anderen identifiziert und implementiert das Sozialministerium (Ministerio de Protección Social) Strategien zur Reduktion, Linderung und Bewältigung von natürlichen Risiken aus natürlichen, sozialen und ökonomischen Quellen, um das Gesundheitswesen und die Lebensqualität zu schützen.

Die Regierung finanziert durch das Finanzinstitut zur Raumentwicklung (Financiera de Desarrollo Territorial – FINDETER) die Initiativen von Investitionen, die mit der Entwicklung den Gemeinden helfen. Das FINDETER wurde mit dem Gesetz 57 von 1989 gegründet und hat seinen Sitz innerhalb des Finanzministeriums.

Die Regionalebene in Kolumbien gliedert sich in die 32 Departamentos, den Gesundheitseinrichtungen und den Umweltbehörden. Die Umweltbehörden werden Corporaciones Autónomas Regionales (CARs) genannt. Ihr Zweck ist – innerhalb ihres Hoheitsgebietes – einerseits die Ausführung von Politik, Planung, Programmen und Projekten im Zusammenhang mit der Umwelt und erneuerbarer natürlicher Ressourcen, und andererseits die Überwachung der rechtzeitigen Anwendung der geltenden Rechtsnormen. In Kolumbien gibt es insgesamt 33 CARs mit Hoheitsgebieten in verschiedenen Regionen von Kolumbien. Die Aufgabe der Gesundheitseinrichtungen beinhaltet die Kontrolle der Qualität des Trinkwassers. Die Departamentos müssen dies mit technischer Betreuung und teilweiser Finanzierung unterstützen.

Die Stadtverwaltungen und die Gemeindeverwaltungen sind verantwortlich für die öffentliche Daseinsvorsorge wie z.B. die Trinkwasserversorgung. Nach dem Gesetz 142 von 1994 müssen sie die geeignete Leistung und das Management der öffentlichen Daseinsvorsorge in ihrem Hoheitsgebiet durch öffentliche, private oder gemischte Unternehmen absichern. Diese Verantwortung wurde auch mit dem Gesetz 1176 von 2007 bestätigt.

6.3. Gesetzliche Rahmenbedingungen

In Übereinstimmung mit den Artikeln 150.23, 334, 336 und 365 der Verfassung von Kolumbien wurde das Gesetz 142 von 1994 erlassen. Dieses Gesetz definiert die Trinkwasserversorgung als Trinkwasserverteilung mit Anschluss und Wasserzähler. Außerdem sind die Wassergewinnung, Wasseraufbereitung und Trinkwasser- speicherung Teile der Trinkwasserversorgung.

Im Rahmen dieses Gesetzes befinden sich auch die Vereinbarungen zu den Unternehmen, der Benutzerklassifizierung, den Tarife, den Subsidien und den Kontributionen, sowie die technischen Aspekte der Dienstleistung. Neben dem Gesetz 142 von 1994 sind Dekrete, Bescheide und andere Gesetze erlassen worden. Zudem wurde das Gesetz 142 von 1994 verändert.

6.3.1. Unternehmen

Das Gesetz 142 von 1994 stellt fest, dass die öffentliche Daseinsvorsorge durch verschiedenen Arten von Unternehmen geleistet werden können:

- Unternehmen der öffentlichen Dienstleistungen (Empresas de Servicios Públicos – ESP): Diese Unternehmen sind Aktiengesellschaften, die eine oder mehrere Dienstleistungen der öffentlichen Daseinsvorsorge leisten können. Die Buchhaltung muss für jede Dienstleistung durchgeführt werden. Nach dem Gesetz 142 von 1994 konnte die öffentliche Daseinsvorsorge von dezentralen Institutionen geleistet werden. 1996 wurde diese Situation durch das Gesetz 286 verändert: die Institutionen oder Unternehmen, die eine oder mehrere Dienstleistungen leisteten, müssten in Unternehmen von öffentlichen Dienstleistungen (EPS) übergehen.
- Natürliche oder juristische Personen, wenn die Dienstleistungen für sie selbst geleistet werden, oder wenn die Dienstleistungen aufgrund oder infolge ihrer

Tätigkeiten geleistet werden.

- Gemeinde oder Städte, wenn sie die Dienstleistungen übernehmen.

- Zuständige Organisationen zur Dienstleistung von öffentlicher Daseinsvorsorge in ländlichen Räumen oder spezifischen urbanen Räumen, wie es in dem Gesetz 421 von 2000 festgeschrieben ist.

6.3.2. Benutzerklassifizierung

Nach dem Gesetz 142 von 1994 müssen die Gemeindeverwaltungen oder Stadtverwaltungen eine Benutzerklassifizierung durchführen. Die Benutzer-klassifizierung ist die Klassifizierung der Gebäude einer Gemeinde oder Stadt in verschiedenen sozioökonomischen Schichten und wird als Instrument der geographischen Fokussierung zur Differenzierung der Tarife der öffentlichen Daseins-vorsorge eingesetzt (vgl. DNP, 2008). Auf diese Weise ist die Benutzerklassifizierung ein Indikator der sozioökonomischen Bedingungen. Dieser Indikator beeinflusst einerseits die Tarife der Dienstleistungen, weil die Tarife je nach der sozioökonomischen Schicht gerechnet werden, und andererseits die Bevölkerung mit ökonomischen Problemen identifiziert werden, um soziale Programme auszurichten (vgl. MINA, 2004).

Das Dekret 2220 von 1993 wies der DNP die Amtsbefugnis zu, die Methodologie für die Benutzerklassifizierung zu definieren. 1994 wurde diese Methodologie festgelegt, die sich auf die Charakteristiken der Wohnung und der Umgebung stützt. Für die Haushalte gibt es sechs sozioökonomische Schichten (1. untere Unterschicht; 2. Unterschicht; 3. untere Mittelschicht; 4. Mittelschicht; 5. obere Mittelschicht; 6. Oberschicht), die mit dem Schiedsspruch C-252 von 1997 bestätigt wurden. Aufgrund der langsamen Durchführung der Methodologie durch die Gemeinden wurden die Fristen mit den Gesetzen 505 von 1999, 689 von 2001 und 732 von 2002 verschoben. Diese Gesetze ordneten auch die Neubearbeitung der Methodologie zur DNP an.

Die Dekrete 195 und 262 von 2004 setzten die Verantwortung des Statistischen Bundesamtes Kolumbien (Departamento Administrativo Nacional de Estadística – DANE) um. Allerdings wurde die Methodologie wegen Mangel an Geldmittel nicht verändert (vgl. ALZATE, 2006). Nach DANE (2004) und DNP (2008) hängt die Benutzerklassifizierung von Variablen und Faktoren wie dem Zustand des Gebäudes, der Bauweise, der Anschlüssen für Trinkwasser und Abwasser, Straßen und öffentlicher Verkehr ab. Außerdem muss berücksichtigt werden, dass die Haushalte ohne zwei Dienstleistungen der öffentlichen Daseinsvorsorge in der sozökonomischen Schicht 4 oder höher nicht klassifiziert werden können (Gesetz 142 von 1994). Es ist auch wichtig anzumerken, dass es Gemeinden gibt, deren Benutzerklassifizierung die sechs sozioökonomischen Schichten nicht abdecken (vgl. MINA, 2004). In Abbildung 6-3 wird die Benutzerklassifizierung von Kolumbien und den verschiedenen Regionen des Departamentos Antioquia dargestellt. Die Stadt Medellín (Untersuchungsgebiet) gehört zu der Region Valle de Aburrá.

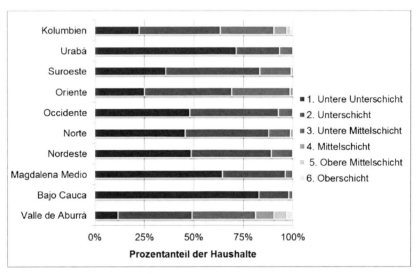

Abbildung 6-3: Sozioökonomische Schichten der Haushalte in Kolumbien und in den verschieden Regionen des Departamentos Antioquia
Quelle: DANE (2003) zitiert in CONPES (2005) und Gobernación de Antioquia (2009)

Das Gesetz 505 von 1999 stellt auch fest, dass die Bürgermeister die Durchführung, Annahme, Anwendung und Aktualisierung der sozioökonomischen Schichten durch lokale Dekrete garantieren müssen. Diese Tätigkeiten werden von dem permanent eingerichteten Komitee für Schichtenbildung der Stadt oder der Gemeinde über-nommen. Damit können andere soziale Prozesse entwickelt werden. Durch Verbesserungen der Zustände in der Umgebung der Häuser oder mit Anschlüssen an neue Dienstleistungen lässt sich die sozioökonomische Schicht steigern. Infolgedessen kann die Bevölkerung stark betroffen sein, da nicht nur die Kosten der Dienstleistungen steigen, sondern auch die Grundsteuer ansteigt, ohne zu berücksichtigen, dass das Einkommen der Haushalte nicht ebenfalls ansteigt.

Die Unternehmen, die öffentliche Dienstleistungen anbieten, müssen die sozioökonomische Schichte für die Berechnung der Tarife berücksichtigen. Die Überwachung und Kontrolle wird von dem SSPD mittels eines Informationssystems für die öffentlichen Dienstleistungen (Sistema Único de Información de Servicios Públicos – SUI) nach dem Gesetz 689 von 2001 durchgeführt.

6.3.3. Gebühren der Trinkwasserversorgung

In Kolumbien gibt es zwei Instrumente zur Regulierung der Gebühren. Einerseits besorgt das Gesetz 142 von 1994 die Kontrollwerkzeuge zur Anwendung der Gebühren, überlässt aber den Unternehmen die Gebührengestaltung. Außerdem versucht es zu erreichen, dass die Gebühren einen Marktwert haben und die Dienstleistung auf kurze, mittlere oder lange Frist sichergestellt werden kann. Andererseits setzt die CRA die Methodologie zur Berechnung der Gebühren der Dienstleistungen Trinkwasserversorgung, Abwasser- und Abfallentsorgung fest.

Die CRA legt durch die Bescheide 151 von 2001 und 287 von 2004 die Gebühren und die Kosten, die die Trinkwasserversorgungsunternehmen verwenden müssen, fest. Es muss unterschieden werden, dass die Kosten die Summe der Ausgaben zur Trinkwasserversorgung sind, während die Gebühren betragen, was die Benutzer tatsächlich für die Trinkwasserversorgung bezahlen müssen (MAVDT, 2005).

Die Kosten bestehen aus Fixkosten und Verbrauchskosten. Die Fixkosten betragen die Geschäftsführungskosten. Der Verbrauchskosten bestehen aus drei Bestandteilen, die addiert werden: dem Durchschnitt der Betriebs- und Instandhaltungskosten, den Investitionskosten und den Umweltgebühren. Die Tabelle 6-1 zeigt die Bestandteile der Kosten. Zum anderen berücksichtigen der Gebühren die Subventionen oder die Kontributionen (siehe Kapitel 6.3.4). Die Berechnung der Gebühren für jeden Benutzer wird in der Abbildung 6-4 gezeigt.

6.3.4. Subventionen und Kontributionen

Im Kapitel 5.3.2 wurde erklärt, dass die Tarife je nach der sozioökonomischen Schicht berechnet werden. Durch das Gesetz 142 von 1994 wurden diese proportionalen Tarife, unter den Maximen von sozialer Gleichheit und Solidarität, nach den Einkommen geordnet. Auf diese Weise ordnete dieses Gesetz die Subventionen ein, mit denen ein Teil der Kosten der Wasserversorgung für die Haushalte der untersten sozioökonomischen Schichten (1, 2 und 3) subventioniert wird.

Tabelle 6-1: Bestandteile der Kosten zur Trinkwasserversorgung

Quelle: Bescheide 287 von 2004

KOSTEN	BESTANDTEILE	BESCHREIBUNG
Fixkosten	Geschäftsführungskosten	Verwaltungspersonal
		Ausmessung des Trinkwasserkonsums der Benutzer
		Fakturierung (Dekrete 2668 von 1999 und 1987 von 2000)
		Versicherungen
		Steuer und Gebühren
		Kontributionen zu der CRA und der SSPS
		Andere Kosten
Verbrauchkosten	Durchschnitt der Betriebs- und Instandhaltungskosten (DBK)	Personal für den Betrieb und Instandhaltung der Trinkwasserversorgungssystem
		Strom
		Chemikalien
		Workshops zur Instandhaltung
		Werkzeuge, Geräte und Büromöbel (pro Jahr)
		Ersatzteilbeschaffung
		Kauf von Trinkwasser bei anderer Trinkwasserversorgungsunternehmen
		Andere Kosten
	Durchschnitt der Investitionskosten (DIK)	Die Expandierung, die Wiedereinsetzung und die Wiederinstandsetzung der Dienstleistung
		Neue Grundstücke
		Das Aktivvermögen
	Durchschnitt der Umweltgebühren (DUG)	Wasserverbrauchsgebühr

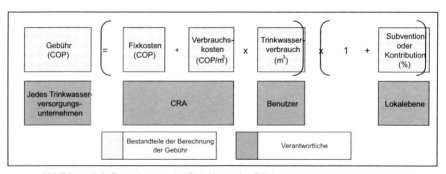

Abbildung 6-4: Berechnung der Gebühren der Trinkwasserversorgung pro Nutzer

Die Quellen der ökonomischen Ressourcen zur Finanzierung der Subventionen sind folgende (MAVDT, 2005):

- Transferleistung des Nationalstaates: Durch das Gesetz 715 von 2001 wurde ein Generalsystem (Sistema General de Participaciones) gegründet, um die ökonomischen Ressourcen des Staates den Städten und den Gemeinden zuzuführen. Dadurch erhalten die Städte und Gemeinden eine Subventionierung des Wasser- und des Abfallsektors, die 5,4 Prozent der Ressourcen des Staat entsprechen (Gesetz 1176 von 2007).

- Regalias des Staates (Gesetz 141 von 1994)
- Ökonomische Ressourcen der Städte oder der Gemeinden: Nach Gesetz 142 von 1994 können die Städte oder die Gemeinden bis 10% der ökonomischen Ressourcen aus der Bezahlung der Grundstücksteuer zu den Subventionen des Wasser- und des Abfallsektors verwenden.
- Die Behörden können den Unternehmen von öffentlichen Dienstleistungen Güter und Berechtigungen geben. Diese Beiträge (Gesellschaftsbeiträge) werden nicht in die Berechnung der Gebühren einkalkuliert (Gesetz 142 von 1994, Gesetz 1450 von 2011).
- Kontributionen der obersten sozioökonomischen Schichten (5 und 6), Geschäften und Industrien (Gesetz 142 von 1994 und Dekret 1013 von 2005).
- Andere Ressourcen der Lokal-, Regional- oder Nationalebene zur Finanzierung von Subventionen. Durch das Gesetz 142 von 1994 und dem Dekret 565 von 1996 regelt der Staat die Gründung von lokalen Fonds (Fondo de Solidaridad para Subsidios y Redistribución de Ingresos) zum Management dieser Ressourcen an. Die Gründung und das Management des Fonds liegen, laut Gesetz 1176 von 2007, in der Verantwortung der Gemeinden.

Der Wertanteil der Subventionen und der Kontributionen wird durch Satzungen auf der Lokalebene festgesetzt. Allerdings müssen die Grenzen der Prozentanteile zu den Subventionen oder Kontributionen gemäß dem Gesetz 1450 von 2011 berücksichtigt werden. Für die untersten sozioökonomischen Schichten 1, 2 und 3 sind die Subventionen nicht höher als 70 Prozent bzw. 40 und 15 Prozent. Die Schicht 4 hat weder eine Subvention noch eine Kontribution. Die sozioökonomischen Schichten 5 und 6 bezahlen eine Kontribution, deren Wert mindestens 50 bzw. 60 Prozent beträgt.

6.3.5. Trinkwasserqualität

Das Regelwerk des Wasser- und des Abfallsektors (Reglamento Técnico de Agua Potable y Saneamiento Básico – RAS 2000) klassifiziert auch die Wasserquellen nach der Bewertung ihrer Wasserbeschaffenheit, damit die benötigten Verfahren der Wasseraufbereitung festgestellt werden (siehe Tabelle 6-2).

Tabelle 6-2: Bewertung der Wasserquellen und ihrer Wasserbeschaffenheit
Nach RAS 2000 verändert

Parameter	Einheit	Bewertung der Quelle			
		1. Gut	2. Mäßig	3. Mangelhaft	4. schlecht
Coliforme Bakterien	Monatsdurchschnitt Anz. / 100 ml	0 - 50	50 - 500	500 - 5000	>5000
BSB₅	Monatsdurchschnitt mg/l	< 1,5	1,5 - 2,5	2,5 - 4	> 4
BSB₅	Tagesmaximun mg/l	1 - 3	3 - 4	4 - 6	>6
Sauerstoff-gehalt	mg/l	>= 4	>= 4	>= 4	< 4
pH - Wert	Mittelwert	6,0 - 8,5	5,0 - 9,0	3,8 - 10,5	
Trübung	nephelometrische Trübungseinheiten (NTU)	< 2	2 - 40	40 - 150	>= 150
Färbung	Platinum-Cobalt-Skala	< 10	10 - 20	20 - 40	>= 40
Chlorid	mg/l	< 50	50 - 150	150 - 200	300
Fluorid	mg/l	< 1,2	< 1,2	< 1,2	> 1,7
Benötiges Wasseraufbereitungsverfahren					
		(1) = Desinfektion + Oxidation	(2) = Filtration + (1)	(3) = Vorreinigungs verfahren + (Flocklung + Sedimentation + Filtration) o (Filtration) + (1)	(4) = (3) + spezifische Verfahren

Anforderungen an die Qualität des Trinkwassers sind in dem Dekret über Qualitätsschutz und -kontrolle von Wasser für den menschlichen Gebrauch (Dekret 1575 von 2007) und dem Bescheid 2115 von 2007 formuliert, die das Dekret 475 von 1998 widerrief. Aus Anlage 6 sind die Parameter und Grenzwerte bzw. Anforderungen des Dekrets 475 von 1998 und des Bescheides 2115 von 2007 in Kolumbien sowie der WHO – Leitlinien für Trinkwasser ersichtlich.

Das Dekret 1575 von 2007 und der Bescheid 2115 von 2007 definieren auch verschiedene Instrumente, um die Trinkwasserqualität sicherzustellen wie z.B. den Indikator für Wasserqualitätsrisiko (Indicador de Riesgo de la Calidad del Agua – IRCA). Außerdem werden die Kernprozesse zur Kontrolle der Trinkwasserqualität geregelt.

6.3.7. Effizienter Wasserverbrauch und Trinkwassereinsparung

Durch das Gesetz 373 von 1997 wurde das Programm zum effizienteren Wasserverbrauch und zur Wassereinsparung angeordnet. Dieses Programm umfasst unterschiedliche Projekte, die von den Wasserversorgungsunternehmen ausgearbeitet werden. Die Maßnahmen dieses Programms sind die folgenden: die Verminderung der Wasserverluste während der Trinkwasserverteilung durch die Nutzung von Wasserzähler, Durchführung von Sensibilisierungskampagnen zu den Einwohnern der von den ausgewählten Trinkwasserversorgungsunternehmen beeinflusste Räumen über Trinkwassernutzung, ökonomische Abschreckung bei übermäßigem Wasserkonsum (Bescheid 493 von 2010) u.a.

7. Untersuchungsgebiet: Lage, Trinkwasserversorgung und hydrologische Grundlagen

7.1. Lage

Medellín ist Hauptstadt des Departamentos Antioquia (Anlage 4 und 5) und erstreckt sich entlang des gleichnamigen Flusses Medellín im Aburrá-Tal, einem Tal des mittleren Bergzugs der Anden im nordwestlichen Kolumbien. Die Stadt liegt zwischen 1.460 m und 3.200 m über dem Meeresspiegel und umfasst eine Fläche von 380,64 km². In Übereinstimmung mit dem Gesetz 136 von 1994 gliedert sich Medellín in 16 urbane Stadtteile, deren Fläche 28,2% der Stadtfläche beträgt und wo ungefähr 1.965.000 Menschen leben, und 5 ländlichen Stadtteilen (Palmitas, San Cristobal, Altavista, San Antonio de Prado und Santa Elena), deren Fläche 71,8% der Stadtfläche beträgt und wo 184.900 Menschen leben (siehe Anlage 3). Die Ziele dieser räumlichen Verteilungen sind die gleichmäßige Entwicklung und Verbesserung der öffentlichen Daseinsvorsorge in der ganzen Gemeinde sowie die Zunahme der Bürgerbeteiligung in den Stadtteilen, wenn lokale Staatsangelegenheiten die Einwohner dieser Stadtteile betreffen. Die urbanen Stadteile stellen die Fläche mit der höchsten Bevölkerungsdichte dar. Sie stellen auch den Sitz der Stadtverwaltung. Die ländlichen Stadtteile umfassen die anderen Flächen der Gemeinde, wo die Bevölkerungsdichte klein ist. Dennoch können sich kleine Räume mit höchster Bevölkerungsdichte in den ländlichen Stadtteilen entwickeln.

Tabelle 7-1: mit Trinkwasser versorgte Veredas des Untersuchungsgebietes
Quelle: Alcaldia de Medellín (2010a)

Ländlicher Stadtteil	Trinkwasser-versorgungsunternehmen	mit Trinkwasser versorgte Veredas
Altavista	Acueducto Aguas Frias	Aguas Frias
	Acueducto Manzanillo	Manzanillo
San Antonio de Prado	Acueducto Montañita	Montañita
	Acueducto El Manantial	La Florida
		Potreritos
		Barrio El Vergel
San Cristobal	Acueducto La Iguaná	Boquerón
		San José de la Montaña
		Travesías (La Cumbre)
	Acueducto El Hato	La Ilusión
		El Yolombo
		El Carmelo
		San Jose de la Montaña
		Pedregal Alto

Das Untersuchungsgebiet umfasst 14 Versorgungsräume öffentlicher Trinkwasserversorgungsunternehmen in 3 westlich von Medellín gelegenen ländlichen Stadtteilen:
San Cristobal, Altavista und San Antonio de Prado (siehe Anlage 3). Die Versorgungsräume heißen Veredas und stellen Raumeinheiten dieser Stadtteilen (vgl.
Tabelle 7-1; zur Begründung der Räume des Untersuchungsgebiets siehe Kapitel 4).

7.2. Trinkwasserversorgung

Mittels der Darstellung der Bevölkerung und ihrer räumlichen Verteilung lassen sich
verschiedene Tendenzen bezüglich der Trinkwasserversorgung in den ausgewählten
ländlichen Stadtteilen identifizieren.

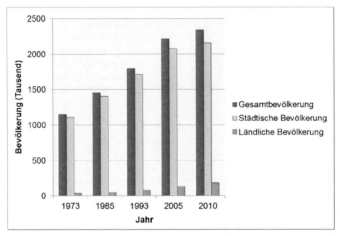

Abbildung 7-1: Entwicklung der Bevölkerung in Medellín, Kolumbien von 1973 – 2010
Quelle: DANE b (o.J.)

In Abbildung 7-1 wird gezeigt, dass der Anteil der städtischen Bevölkerung in den
letzten 25 Jahren durchweg mehr als 94 Prozent der Gesamtbevölkerung betrug. Diese
räumliche Verteilung der Bevölkerung bedeutet die Verdichtung der urbanen Stadtteile.
Eine derartige Tendenz hat einerseits eine große Bedeutung für die ländlichen
Stadtteile, die aufgrund der beschränkten Verfügbarkeit von ökonomischen, technischen
Ressourcen und Verwaltungsressourcen mit der Trinkwasserversorgung Probleme
haben. Andererseits entwickelt sich ein hoher Bedarf an Dienstleistungen, u.a. die
Trinkwasserversorgung.

Diese Situation führte zur Gründung von kommunalen Wasserversorgungssystemen als

Ersatzlösung in den ländlichen Stadtteilen von Medellín. Allerdings muss berücksichtigt werden, dass die Mehrheit der kommunalen Wasserversorgungssysteme weder unter den gesetzlichen technischen Aspekten gebaut wurde, noch die definierten gesetzlichen Kriterien für die Trinkwasserqualität erfüllt (In dieser Arbeit werden diese Systeme mit den Begriff „Rohwasserversorgungssysteme" im Folgenden genannt). Diese Rohwasserversorgung muss wegen der Risiken für die menschliche Gesundheit und den Umweltschutz berücksichtigt werden (vgl. PAHO & WHO, 2001). Seit 1993 begann die Stadtverwaltung von Medellín das Bauen von Trinkwasserversorgungssysteme und die Gründung der dazugehörigen Trinkwasserversorgungsunternehmen, um die Bevölkerung der ländlichen Stadtteile mit Trinkwasser zu versorgen (Siehe Kapitel 8).

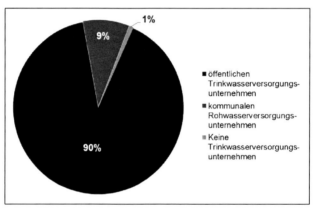

Abbildung 7-2: Prozentanteil der mit Wasser versorgten Wohnungen nach Unternehmen in ausgewählten ländlichen Stadtteilen von Medellín
(Gesamtheit: 43905 Wohnungen)
Quelle: Alcaldía de Medellín (2011d)

Ungefähr 90% der Wohnungen in den ausgewählten ländlichen Stadtteilen waren im Jahr 2010 an eine häusliche Trinkwasserversorgung angeschlossen (siehe Abbildung 7-2), aber dieser Prozentanteil entspricht nicht die tatsächliche Trinkwassernutzung, da es in vielen Wohnungen gleichzeitig Anschlüsse an eines Trinkwasserversorgungsnetz und an eines Rohwasserversorgungsnetz oder direkt an die Fließgewässer gibt. Diese Daten berücksichtigt auch nicht, ob die Wohnungen mit Anschlüsse an Rohwasserversorgungssysteme die Möglichkeit haben, an ein Trinkwasserversorgungssystem anzuschließen.

7.2. Hydrologische Grundlagen

Zur Wassergewinnung in Medellín wird sehr häufig Wasser aus Fließgewässern verwendet. Außer der Fließgewässer für die Wassergewinnung der ausgewählten Trinkwasserversorgungsunternehmen (siehe Tabelle 7-2) lassen sich viele Fließgewässer im Untersuchungsgebiet identifizieren (Instituto Mi Rio, 1996).

Tabelle 7-2: Fließgewässer zur Wassergewinnung von den ausgewählten
Trinkwasserversorgungsunternehmen
Quelle: Alcaldia de Medellín (2010a)

Ländlicher Stadtteil	Trinkwasser- versorgungsunternehmen	Fließgewässer (Wassergewinnung)
Altavista	Acueducto Aguas Frías	Aguapante
	Acueducto Manzanillo	La Guayabala
San Antonio de Prado	Acueducto Montañita	La Chata und La Larga
	Acueducto El Manantial	La Manguala
San Cristobal	Acueducto La Iguaná	La Iguaná
	Acueducto El Hato	El Hato

Die Wasserentnahme für die ausgewählten Trinkwasserversorgungsunternehmen befindet sich in der Nähe der Wasserquelle, wo das Wasser niedrig belastet sein kann. Dadurch werden unterschiedlichen chemischen und anderen Indikatorparameter an diesen Stellen gemessen. (siehe Tabelle 7-3).

Obwohl diese Parameter in der Nähe der Wasserquelle der Fließgewässer gemessen wurden, ist die Anwesenheit von Coliforme Bakterien und Escherichia coli besorgniserregend. Das Vorhandensein der obengenannten Mikroorganismen im Wasser weist auf eine eingetretene fäkale Verunreinigung hin. Obwohl diese Mikroorganismen selbst in der Regel die Gesundheit des Menschen nicht beeinträchtigen, steigt mit ihrer Anwesenheit auch die Gefahr des Auftretens von Krankheitserregern (vgl. MUTSCHMANN, 2011). Deshalb muss das Wasser vorbereitet werden, um es als Wasser für den menschlichen Gebrauch zu versorgen. Auf diese Weise bedeutet die Rohwasserversorgung ein Risiko für die Gesundheit in den Veredas. Die benötigen Wasseraufbereitungsverfahren für das Wasser aus diesen Fließgewässer sind Flockung, Sedimentation oder Filtration, Oxidation und Desinfektion, laut das RAS 2000 (siehe Kapitel 6).

Tabelle 7-3: Wasserqualität der Fließgewässer und ihrer Nebenflüsse

Quelle: UNAL (2008 a,b,c,d)

Parameter	E. coli	Coliforme Bakterien	Gesamt-härte	Eisen	Färbung	Trübung	pH - Wert
Einheit	Anz./ 100 ml	Anz./100 ml	mg/l CaCO₃	mg/l	Platinum-Cobalt-Skala	nephelometrische Trübungseinheiten (NTU)	
Grenzwert nach dem Bescheid 2115	0	0	300	0,30	15,00	2,00	6,5 - 9,0
La Aguapante	172	221	24	0,07		0,76	7,71
El Hato	26	>1600	20	0,16	9,18	0,68	6,78
El Hato (in der Nähe der Wasseraufbereitungsanlage)	14	>1600	21	0,13	10,33	1,17	6,86
Guayabala	<2	>1600	50	0,55	4,26	9,89	7,38
La Chata	39	> 1600	47	0,12	1,31	2,00	6,91
Nebenfluss der La Chata	48	> 1600	58	0,33	1,15	6,00	7,46
Nebenfluss der La Chata	70	> 1600	61	0,25	1,64	3,00	6,90
La Iguaná	33	36	8	0,05	2,46	0,55	6,87

(Seitenbeschriftung: Fließgewässer (Einlaufbauwerk))

Zusammenfassend ermöglicht die hohe Wasserverfügbarkeit die Gründung von Rohwasserversorgungsunternehmen und die Rohwassernutzung im Untersuchungsgebiet, aber der Rohwasserkonsum stellt eine Gefährdung für die Gesundheit der Bevölkerung aufgrund des Vorhandenseins von Coliforme Bakterien und Escherichia coli.

8. Akteure

Zur Analyse der Wirkungen öffentlicher Sensibilisierungskampagnen am Beispiel des Themas Trinkwasser ist es erforderlich, die beteiligten Akteure und Zielgruppen zu analysieren, um die sozialen und wirtschaftlichen Faktoren, die die Entwicklung und Durchführung von Sensibilisierungskampagnen sowie ihre Wirkungen beeinflussen, zu identifizieren. Wichtige Akteursgruppen sind neben den Zielgruppen der Sensibilisierungskampagnen (Bevölkerung der ländlichen Stadtteile von Medellín), die verschiedenen Trinkwasserversorgungsunternehmen und die Stadtverwaltung, weil beide die Sensibilisierungskampagnen hinsichtlich Trinkwassers in den ausgewählten ländlichen Stadtteilen planen und ausführen.

In diesem Kapitel werden die Merkmale und die Tätigkeiten der Akteure in Bezug auf Trinkwasserkonsum und Trinkwasserversorgung in den ausgewählten ländlichen Stadtteilen (Altavista, San Antonio de Prado und San Cristobal) dargestellt.

8.1. Akteurstyp Bevölkerung

Das Untersuchungsgebiet dieser Studie berücksichtigt 14 Veredas in drei ländlichen Stadtteilen von Medellín, Altavista, San Antonio de Prado und San Cristobal (Siehe Kapitel 7). Es ist anzumerken, dass die von der Stadtverwaltung von Medellín gegebene Information über die Bevölkerungsstruktur nur bis auf das Niveau von urbanen und ländlichen Stadtteile verfügbar ist. Auf diese Weise wird die Bevölkerungsstruktur in Bezug auf die ländlichen Stadtteile, in denen sich das Untersuchungsgebiet befindet, analysiert.

8.1.1. Demographische Merkmale

In den ländlichen Stadtteilen Altavista, San Antonio de Prado und San Cristobal wohnten laut Abschätzung der Stadtverwaltung von Medellín im Jahr 2010 (Alcaldía de Medellín, 2011 b,c,d) 28.973, 77.007 bzw. 60.025 Menschen. Die Bevölkerungsentwicklung der drei ländlichen Stadtteile zeigte eine wachsende Bevölkerung an (vgl. Abbildung 8-1). Es muss darauf hingewiesen werden, dass die Werte für die Jahre 1993 und 2005 durch die Volkszählung in Kolumbien in diesen Jahren bestimmt wurden, während die anderen Werte Abschätzungen sind.

Die Steigerung der Bevölkerung repräsentiert eine Zunahme der Nachfrage nach

Trinkwasser. Somit bedeuten die Trinkwasserversorgungsunternehmen in den ländlichen Stadtteilen nicht nur die Verbesserung der Lebensqualität der Bevölkerung in diesen Räumen, sondern auch eine Maßnahme zur Kontrolle der Schwankungen von Wasserbereitstellung, der zeitlichen Schwankungen von Trinkwassernachfrage und der räumlichen Unterschieden der Trinkwassernachfrage. Dennoch ohne Akzeptanz seitens der Bevölkerung können die Trinkwasserversorgungsunternehmen ihre Tätigkeiten nicht durchführen. Deshalb spielen die Sensibilisierungskampagnen zum Thema Trinkwasser eine bedeutsame Rolle, um die Akzeptanz hinsichtlich des Trinkwasserkonsums und der Trinkwasserversorgungssysteme zu beeinflussen.

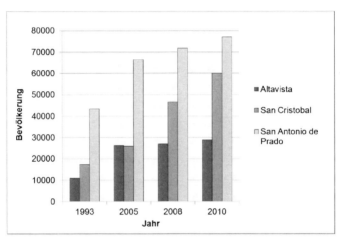

Abbildung 8-1: Die Bevölkerungsentwicklung von Altavista, San Antonio de Prado und San Cristobal
Quelle: DANE (2010 a,b,c)

Anderes wichtiges demographisches Merkmal ist die Belegungsdichte, die sogar für einige ländliche Stadtteile wie San Cristobal mehr als 10 Personen pro Haushalt beträgt (siehe Tabelle 8-1). Dieser Indikator ist wichtig für die Trinkwasserversorgung, weil die Akzeptanz des Trinkwasserkonsums eines der Bewohner eines Haushaltes ein Druckfaktor für die anderen Mitbewohner ist.

8.1.2. Wirtschaftliche und soziale Aspekte

Die dominierende sozioökonomische Schicht ist die Unterschicht (siehe Kapitel 6). Die Verteilung der Wohnungen und der Einwohner nach den sozioökonomischen Schichten werden in Tabelle 8-2 dargestellt.

Tabelle 8-1: Belegungsdichte in den ausgewählten ländlichen Stadtteilen im 2010

Quelle: Alcaldía de Medellín (2011 b,c,d)

Anzahl der Personen pro Haushalt	Altavista		San Antonio de Prado		San Cristobal	
	Haushalte	Anteil der Haushalte %	Haushalte	Anteil der Haushalte %	Haushalte	Anteil der Haushalte %
1	472	7,9	1.610	7,0	1.040	6,9
2	784	13,1	3.031	13,3	1.918	12,7
3	1.665	27,8	5.665	24,8	3.309	21,9
4	1.457	24,3	5.883	25,8	4.033	26,7
5	778	13,0	3.271	14,3	2.637	17,4
6 - 10	832	13,9	3.378	14,8	2.064	13,6
≥ 10	0	0,0	0	0,0	129	0,9
Summe	5.988	100,0	22.838	100,0	15.130	100,0

Tabelle 8-2: Sozioökonomische Schichten in den ausgewählten ländlichen Stadtteilen

Quelle: Alcaldía de Medellín (2011 b,c,d)

Sozioökonomische Schicht	Altavista		San Antonio de Prado		San Cristobal	
	Wohnungen	Einwohner	Wohnungen	Einwohner	Wohnungen	Einwohner
1. Untere Unterschicht	816	4.146	567	1.698	1.220	8.371
2. Unterschicht	4.948	24.250	14.348	49.303	11.456	40.086
3. Untere Mittelschicht	172	577	7.812	25.771	2.304	11.311
4. Mittelschicht	0	0	112	236	150	257
5. Obere Mittelschicht	0	0	0	0	0	0
6. Oberschicht	0	0	0	0	0	0
Summe	5.936	28.973	22.839	77.008	15.130	60.025

Diese Verteilung zeigt auch, dass die Anzahl der Einwohner pro Wohnung in den höheren sozioökonomischen Schichten (3. untere Mittelschicht und 4. Mittelschicht) niedriger ist als in den anderen sozioökonomischen Schichten. Die Mehrheit der Wohnungen gehört zu den unteren sozioökonomischen Schichten (1. untere Unterschicht, 2. Unterschicht und 3. untere Mittelschicht). Die sozioökonomischen Schichten beeinflussen auch die Akzeptanz des Trinkwasserkonsums und der Trinkwasserversorgungsunternehmen, weil die sozioökonomischen Schichten das Einkommen pro Haushalt mittelbar berücksichtigen.

Im Jahr 2009 war der Mittelwert des Einkommens nicht höher als 640.000 COP (das entspricht ca. 216 € mit einem Wechselkurs von 2974,2 COP/€). Das ist ca. 30 Prozent mehr im Vergleich zum Mindestlohn in Kolumbien (2009: 497.000 COP also etwa 167 €; Alcaldía de Medellín, 2010 b). Es muss auch der Anteil der Erwerbstätigen pro Haushalt berücksichtigt werden. Dadurch sind Aussagen über die Anzahl der Personen, die abhängig von dem Einkommen der Erwerbstätigen sind, möglich. In den drei ausgewählten ländlichen Stadtteilen leben ungefähr 3 Personen von einem Einkommen (Alcaldía de Medellín, 2010 d). Dieses reicht aber nicht zur Abdeckung ihrer Grundbedürfnisse aus. Folgen dieser Situation sind die Ablehnung der Zahlung für die Trinkwasserversorgung, illegalen Anschlüsse an das Trinkwasserversorgungsnetz oder die Entscheidung für Rohwasserkonsum. Durch Sensibilisierungskampagnen über Trinkwasser und das Rechnungssystem der Trinkwasserversorgung kann dieser wirtschaftliche Faktor beeinflusst werden.

Foto 8-1: Wohnungen (2. Unterschicht) in der Vereda Manzanillo in Altavista

Die Analphabetenrate (üblicherweise Personen über 15 Jahre), als Indikator für das Bildungsniveau in diesen drei ländlichen Stadtteilen, erreichte im Jahr 2010 nicht mehr als 4 Prozent (Alcaldía de Medellín, 2011 b,c,d). Die Prozentanteile der Bevölkerung, deren höchstes Bildungsniveau die Grundschule ist, liegt bei 45,9%in Altavista, 36,5% in San Antonio de Prado und 40,2% in San Cristobal. Diese Prozentanteile berücksichtigen nicht die Bevölkerung, die aufgrund ihres Alters noch nicht in die Schule gehen (0 – 4 Jahre) oder Grundschüler/innen (5 – 9 Jahre) sind. Bei diesen Statistiken fehlt eine Kategorisierung nach der höchsten besuchten Klasse. Auf diese Art müssen die Sensibilisierungskampagnen über Trinkwassernutzung unterschiedliche Medien erreichen. Dadurch wird auch die Bevölkerung ohne bzw. mit weniger Schulbildung beeinflusst.

8.2. Akteurstyp Trinkwasserversorgungsunternehmen

Die ausgewählten öffentlichen Trinkwasserversorgungsunternehmen sind Junta Administradora Manzanillo und Junta Administradora Acueducto Aguas Frías in Altavista, Corporación de Acueducto Montanita und Junta Administradora Acueducto El Manantial in San Antonio de Prado sowie Junta Administradora Acueducto La Iguaná und Junta Administradora Acueducto El Hato in San Cristobal.

Diese Trinkwasserversorgungsunternehmen wurden von der Stadtverwaltung von Medellín gegründet. Der Bau dieser Trinkwasserversorgungsunternehmen gehörte zu dem Programm „Management der Trinkwasserversorgung" (Manejo Integral del Agua para el Consumo Humano). Das Ziel ist die Trinkwasserversorgung in den Räumen der ländlichen Stadtteile, wo das Trinkwasser nicht von dem Trinkwasserversorgungs-unternehmen Aguas EPM bereitgestellt werden kann.

Das Verfahren von der Wassergewinnung bis zur Trinkwasserverteilung charakterisiert die Trinkwasserversorgung in den ländlichen Stadtteilen. Bestandteil der Wasser-fassung ist das Einlaufbauwerk. Die folgenden Schritte gelten für die Wasser-aufbereitung der ausgewählten Trinkwasserversorgungsunternehmen außer dem Acueducto Montañita. Das dort geltende Verfahren wird anschließend erklärt. Die in Fließgewässern vorliegenden feinstverteilte Feststoffe (z.B. Planktonorganismen) und gelöste Stoffe werden durch die Zugabe von Flockungsmitteln in Form von Aluminiumsulfat destabilisiert, um sie zu größeren Makroflocken zu agglomerieren. Die Flockung wird mittels eines porösen Mediums (Kies) durchgeführt, weil durch ein poröses Medium eine optimale Mischung zwischen dem Wasser und dem Flockungsmittel erreicht werden kann. Die Makroflocken werden danach durch schnelle Sedimentation und anschließende Schnellfiltration (geschlossenes Schnellfilter) entfernt (siehe Foto 8-2). In dem Acueducto Montañita werden nur 2 Langsamfilter zur Reinigung des Wassers verwendet.

Als letztes Verfahren der Wasseraufbereitung wird eine Desinfektion des Wassers durchgeführt. Die Desinfektion wird durch Natriumhypochlorit in allen der ausgewählten Trinkwasserversorgungssysteme ausgeführt, weil das Chlor eine Depotwirkung hat und damit das Trinkwasser nach erfolgter Desinfektion und zunehmender Verweilzeit im Rohrnetz nicht wieder verkeimen kann.

Foto 8-2: Flockungs-, schnelle Sedimentations- und Filtrationsanlagen (von rechts nach links) des
Acueducto Manzanillo in Altavista

Vom Hochbehälter aus wird das Trinkwasser durch das Versorgungsnetz im Ort verteilt. Aufgrund der starken Höhenunterschiede zwischen den Wohnungen ist es nur möglich mittels eines Verästelungsnetzes die Wohnungen mit Trinkwasser zu versorgen (siehe Foto 8-3).

Foto 8-3. Hochbehälter des Acueducto El Manantial in San Antonio de Prado

In den ausgewählten Trinkwasserversorgungsunternehmen werden zwei Mess-einrichtungen eingesetzt: Wohnungswasserzähler und Großwasserzähler, die für einen geordneten Betrieb der Trinkwasserversorgungsanlagen und die Berechnung der Kosten der Trinkwasserversorgung erforderlich sind (siehe Kapitel 6).

Zum einen muss jedes Trinkwasserversorgungsunternehmen die Gebühren berechnen, die für jeden Nutzer anfallen. Dazu werden die Wasserzähler monatlich abgelesen und die Kosten für das bezogene Trinkwasser abgerechnet. Die Rechnungen enthalten die für die Forderung maßgeblichen Berechnungsfaktoren, z.B. Fixkosten, Verbrauchs-kosten, Trinkwassermenge, Subventionen oder Kontributionen, u.a. (siehe Kapitel 6).

Zum anderen ist der Wasserverlust ein bedeutsamer Faktor. Beispielweise gehören der höchste Wasserverlust im Jahr 2005 zu Acueducto El Manantial (65,47%) und die niedrigsten Wasserverluste zu Acueducto Aguas Frías (31,24%) und Acueducto Manzanillo (32,18%) (Estudios Técnicos, 2006 a,b,c,d,e,f,). Die Gründe für diese Wasserverluste sind einerseits die Wasserleckage und andererseits die illegalen Anschlüsse.

8.3. Akteurstyp Stadtverwaltung

Nach dem Gesetz 142 von 1994 sind die Gemeindeverwaltungen verantwortlich für die Trinkwasserversorgung in ihrem Hoheitsgebiet. Deshalb fördert die Stadtverwaltung von Medellín die Entwicklung von Trinkwasserversorgungssystemen durch das Programm „Management der Trinkwasserversorgung" (Manejo Integral del Agua para el Consumo Humano), um die Trinkwasserversorgung in ländlichen Stadtteilen zu sichern.

Eine andere Rolle der Stadtverwaltung ist die Durchführung der Benutzerklassifizierung in sozioökonomischen Schichten und die damit verknüpfte Feststellung des jeweiligen Anteils der Subventionen und Kontributionen für die sozioökonomischen Schichten. Die Gründung und das Management der ökonomischen Ressourcen für Subventionen durch lokale Fonds (Fondo de Solidaridad para Subsidios y Redistribución de Ingresos) ist auch eine Aufgabe der Stadtverwaltung (siehe Kapitel 6).

8.4. Akteursbeziehungen

Die Beziehungen zwischen den drei Akteurstypen der Sensibilisierungskampagnen zum Thema Trinkwasser in den ausgewählten ländlichen Stadtteilen von Medellíng wird in Abbildung 8-2 dargestellt.

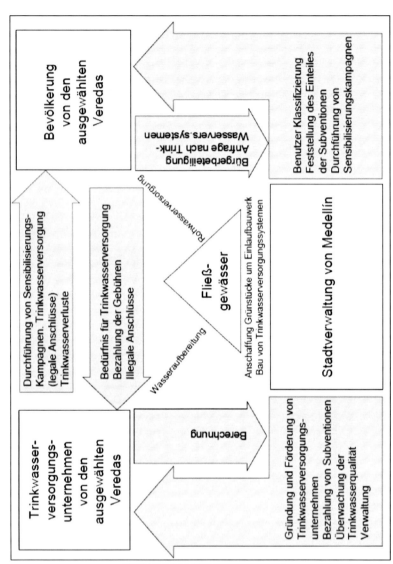

Abbildung 8-2: Akteursbeziehungen

9. Analyse ausgewählten Sensibilisierungskampagnen

Die Sensibilisierungskampagnen zum Thema Trinkwasser in den ausgewählten ländlichen Stadtteilen von Medellín werden von der Stadtverwaltung und den Trinkwasserversorgungsunternehmen durchgeführt. Diese Sensibilisierungskampagnen lassen sich nach dem Entwicklungsstand der Trinkwasserversorgungssysteme differenzieren. Seit der Planung des Baues bis normalem Betrieb des Systems werden die Sensibilisierungskampagnen geübt. In diesem Kapitel werden die Themen, die Medien und die Ziele der Sensibilisierungskampagnen beschrieben.

9.1. Sensibilisierungskampagnen der Stadtverwaltung von Medellín

Die von der Stadtverwaltung durchgeführten Sensibilisierungskampagnen zum Themenbereich Trinkwasser in den ländlichen Stadtteilen von Medellín gehören zum Programm „Management der Trinkwasserversorgung" (Manejo Integral del Agua para el Consumo Humano, siehe Kapitel 8). Diese Sensibilisierungskampagnen sollen die Erreichung eines Ziels dieses Programms unterstützen und zwar „die ökonomische Nachhaltigkeit der Trinkwasserversorgungsunternehmen in den ländlichen Stadtteilen von Medellín sicherzustellen" (Alcaldia de Medellín, 2010a).

Vor dem Ausbau eines Trinkwasserversorgungssystems wurden Workshops und Infoveranstaltungen mit den Einwohnern im zukünftigen Liefergebiet durchgeführt. Ziel dieser Sensibilisierungskampagnen ist es, bei den Einwohnern die Wahrnehmung von Funktionen über die Trinkwasserlieferung hinaus zu verankern, vor allem angeblicher Funktionen zur Erhöhung der Lebensqualität und zur Förderung des Umweltschutzes. Inhalte dieser Workshops und Infoveranstaltungen sind der rechtliche Rahmen der Trinkwasserversorgung, der Schutz von Fließgewässern und die wasserbezogenen Krankheiten und Epidemien. Als Komplement wurden auch individuelle Gespräche mit den Einwohnern der Veredas angeboten. Ziel dieser Gespräche war, die Fragen über die Trinkwasserversorgung und das Trinkwasserversorgungssystem zu beantworten. (Alcaldia de Medellín, 2010a)

Nach dem Bau werden Sensibilisierungskampagnen über Werbespots in Hörfunksendern und Werbungen in lokalen Zeitungen weiter geführt. Ziel dieser Sensibilisierungskampagnen ist die Erinnerung an die Ziele des Programms „Management der Trinkwasserversorgung". Inhalte der Radiospots und der Werbungen in lokalen Zeitungen sind der Name des Programms sowie ihre Ziele oder Information über die durchgeführten Projekte und ihrer Nutznießer. Für die Zeitungen werden auch Fotos verwendet (siehe Abbildung 9-1).

Abbildung 9-1: Werbung in lokalen Zeitungen
Quelle: Ciudad Rural (2010)

Zudem werden monatlich Plakate an Schulen, öffentlichen Institutionen, Kirchen, u.a. ausgegeben. Ziel dieser Plakate ist über die soziale Rolle des Programms und der Trinkwasserversorgungsunternehmen. Inhalte der Plakate sind Zeugenaussage über die Trinkwassernutzung seitens der Nutzer von Trinkwasserversorgungsunternehmen, Entwicklungsgrad der Projekte des Programms „Management der Trinkwasserversorgung" und der Trinkwasserversorgungsunternehmen in den ländlichen Stadtteilen von Medellín sowie die Sozialmanagement des Programms der Stadtverwaltung.

In Veranstaltungen zu Feiern des „Wassertages" in den Veredas werden auch Sensibilisierungskampagnen durchgeführt. Ziel ist die Vorteile der Trinkwassernutzung zu betonen. Wichtige Bestandteile der Kampagne sind spielerische Tätigkeiten, deren Zielgruppe Kinder, Jugendlichen und Erwachsenen umfasst.

9.2. Sensibilisierungskampagnen der Trinkwasserversorgungsunternehmen

Die Sensibilisierungskampagnen zum Thema Trinkwasser in den ausgewählten Stadtteilen von Medellín, die von den Trinkwasserversorgungsunternehmen durchgeführt wurden, gliedern sich in verschiedene Themen, die mit Hilfe von verschiedenen Maßnahmen und Programmen entwickelt wurden. Die Ziele, die Zielgruppen und die Aktivitäten der Sensibilisierungskampagnen in den ausgewählten ländlichen Stadtteilen werden anschließend nach Themen geordnet erklärt.

9.2.1. Sensibilisierungskampagnen über Trinkwasserversorgung

Diese Sensibilisierungskampagnen machen auf die Bedeutung des Trinkwassers, seines rationalen Verbrauch sowie die Funktionen der Trinkwasserversorgung zur Erhöhung der Lebensqualität aufmerksam. Nach Meinung der Kampagnenbetreiber ist auch die Vermittlung des Unterschieds von „Roh-„ und „Trinkwasser" an die Zielgruppen von Bedeutung.

Ziel ist die Bewusstseinsbildung der Einwohner der Veredas über die Vorteile der Trinkwassernutzung zu erhöhen.

Die durchgeführten Tätigkeiten sind:

- Handzettel werden den Nutzern mit der Rechnung der Trinkwasserversorgung zugeschickt. Die Zielgruppe sind die Nutzer der Trinkwasserversorgung
- Plakate an Schulen, Kirchen, u.a. Die Zielgruppe sind nicht nur die Nutzer der Trinkwasserversorgungsunternehmen, sondern auch die potenziellen Nutzer, die zurzeit keinen Anschluss besitzen und in den Veredas wohnen.
- Workshops und Infoveranstaltungen. Die Zielgruppe sind sowohl die Nutzer der Trinkwasserversorgungsunternehmen als die Einwohner der Veredas, die keine Anschluss an das Trinkwasserversorgungsnetz besitzen und in den Veredas wohnen.
- Aktivitäten in Grundschulen der Veredas. Zielgruppen sind die GrundschülerInnen.
- Märchen- oder Zeichenwettbewerb (siehe Abbildung 9-2) über Trinkwasser: Zielgruppen sind die Grundschüler und –schülerinnen der Veredas.

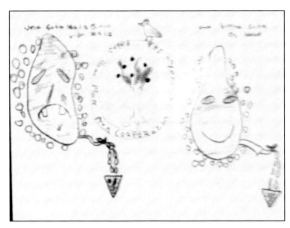

Abbildung 9-2: Zeichen eines Grundschülers (Thema: Unterschied zwischen Rohwasser und

Trinkwasser)

Quelle: Plakat von Acueducto San Pedro; Autor: Santiago Gaviria Grajales

9.2.2. Sensibilisierungskampagnen über das Wasseraufbereitungssystem

Die Sensibilisierungskampagnen über das Trinkwasserversorgungssystem versuchen den Einwohnern der Veredas die verschiedenen Komponenten des Trinkwasserversorgungssystems darzustellen, um den Unterschied zwischen den Rohwasserversorgungssystemen und den Trinkwasserversorgungssysteme zu erklären.

Die Zielgruppe sind nicht nur die Nutzer der Trinkwasserversorgungsunternehmen, sondern auch die potenziellen Nutzer, die in den Liefergebieten wohnen, aber zur Zeit keinen Anschluss besitzen.

Ziel ist die Bewusstseinsbildung der Einwohner der Veredas über die Bedeutung des Wassers, seines Schutzes sowie über seine Rolle für die Trinkwasserversorgung. Ein zweites Ziel ist es, das Trinkwasserversorgungssystem sowohl technisch als administrativ detailliert zu vermitteln.

Wichtige Bestandteile der Kampagne sind nachstehende Angebote:

- Besichtigungen mit Führung durch die Wasseraufbereitungsanlagen.
- Vorführen von Videos über die Trinkwasserversorgungssysteme in Workshops und Infoveranstaltungen von den Trinkwasserversorgungsunternehmen.

9.2.3. Andere Sensibilisierungskampagnen

Sensibilisierungskampagnen über das Gebührensystem der Trinkwasserversorgung versuchen den Inhalt der Trinkwasserversorgungsrechnung (siehe Kapitel 6) zu vermitteln, sei es über Workshops und Infoveranstaltungen der Trinkwasserversorgung, sei es über individuelle Gespräche. Ziel dieser Kampagnen ist die Nutzer über das Gebührensystem zu informieren.

Illegale Anschlüsse an das Trinkwasserversorgungsnetz bedeuten einerseits Wasserverluste und damit auch monetäre Verluste für die Trinkwasserversorger. Andererseits können sie auch eine Verschmutzungsquelle des Trinkwassers darstellen, weil die illegalen Anschlüsse keine technischen Erfordernisse des Trinkwasserschutzes berücksichtigen. Durch Handzettel und Briefe, die den Nutzern zusammen mit der Rechnung der Trinkwasserversorgung mitgeschickt werden, versuchen die Trinkwasserversorgungsunternehmen, die Nutzer zu motivieren, illegale Anschlüsse zu melden.

10. Wahrnehmung der ausgewählten Sensibilisierungskampagnen

In diesem Kapitel wird die Wahrnehmung des Inhalts der Sensibilisierungskampagnen mittels des Wissensstands der Befragten der durchgeführten Leitfadeninterviews im dieser Studie analysiert (siehe Kapitel 4 und Anlage 1).

10.1. Wahrnehmung der Trinkwasserversorgung

Im Untersuchungsgebiet haben 93% der Befragten den Begriff „Trinkwasser" zwar schon einmal gehört, kennen aber meist nur einzelne Teile der offiziellen Definition (vgl. Kapitel 6).

41% der Befragten definieren Trinkwasser als „sauberes Wasser" oder „pures Wasser" (siehe Abbildung 10-1). Diese Wahrnehmung ist von physischen, sinnlich wahrnehmbaren Parametern geprägt (Trübung, Farbe, Geruch, Geschmack, u.a.). Der Prozentanteil der Befragten, die Trinkwasser als aufbereitetes Wasser definieren, beträgt demnach 35%. Hier wird das Trinkwasser als Produkt einer Wasseraufbereitung wahrgenommen. Nur 10% der Befragten definieren Trinkwasser als sauberes und aufbereitetes Wasser, bzw. sie verbinden ihre Wahrnehmung der Trinkwasserqualität mit „Wasseraufbereitung".

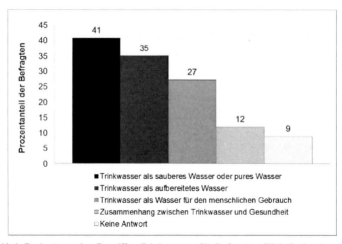

Abbildung 10-1: Bedeutung des Begriffes Trinkwasser für Befragten (Mehrfachantworten möglich)

27% der Befragten definieren das Trinkwasser als „Wasser für den menschlichen

Gebrauch", das heißt, dass sie ausschließlich den Nutzungsaspekt des Trinkwassers wahrnehmen und ihnen weder Aufbereitungsverfahren noch Güteeigenschaften gegenwärtig sind. Nur 7% der Befragten nehmen „Trinkwasser" sowohl als „aufbereitetes Wasser" als auch als „Wasser für den menschlichen Gebrauch" wahr.

Die Bedeutung des Begriffes „Trinkwasser" wird auch von einem Teil der Befragten (12%) mit „Gesundheit" verbunden. Dies deckt sich mit dem Kampagnenziel der Verbesserung der menschlichen Gesundheit durch eine verstärkte Trinkwassernutzung. Mit hoher Wahrscheinlichkeit ist diese Wahrnehmung auf Wissen über Zusammenhänge zwischen dem Genuss verschmutzten Wassers und dem Auftreten von Krankheiten und Epidemien zurück zu führen. Schließlich haben 79% der Befragten von diesen Zusammenhängen schon gehört. Das dies plausibel ist, zeigen die Ergebnisse der Kontrollfrage: 71% der Befragten haben entweder mindestens eine solcher Krankheiten und Epidemien oder mindestens ein entsprechendes Krankheitsbild in den Interviews genannt.

Die Befragten, die den Begriff „Trinkwasser" oder von den durch verschmutztes Wasser ausgelösten Krankheiten und Epidemien gehört haben, identifizierten unterschiedliche Informationsquellen (vgl. Abbildung 10-2).

Wie Abbildung 10-2 zeigt, spielen die von den Trinkwasserversorgungsunternehmen ausgeführten Trinkwasser-Sensibilisierungskampagnen eine bedeutsame Rolle für die Vermittlung des rechtlich definierten Begriffes „Trinkwasser". Allerdings haben sie weniger Einfluss auf die Vermittlung der Zusammenhänge zwischen dem Genuss verschmutzten Rohwasser und dadurch ausgelösten Krankheiten und Epidemien.

Auf die spezifische Frage nach der Vermittlungsquelle des Begriffs „Trinkwasser", antworten 42% der Befragten mit „in Infoveranstaltungen". Analog, vom Anteil der Bevölkerung, die Zusammenhängen zwischen Rohwasser und Krankheiten und Epidemien wahrgenommen haben, antworten 23% der Befragten auch auf die Frage nach der Vermittlungsquelle, auch mit „in Infoveranstaltungen" (siehe Abbildung 10-3). Bei diesen Antworten wurde auch die jeweilige Vermittlungsinstitution genannt. 98% bzw. 78% von diesen Antworten nannten die Trinkwasserversorgungsunternehmen als Vermittler der genannten Informationen.

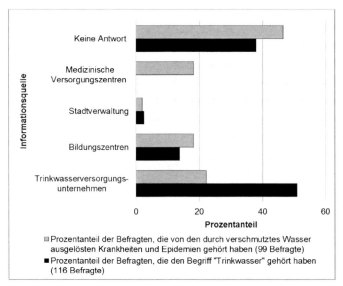

Abbildung 10-2: Von den Befragten genannten Informationsquellen zum Begriff „Trinkwasser"
und zu den durch verschmutztes Wasser ausgelösten Krankheiten und Epidemien
(Mehrfachantworten möglich)

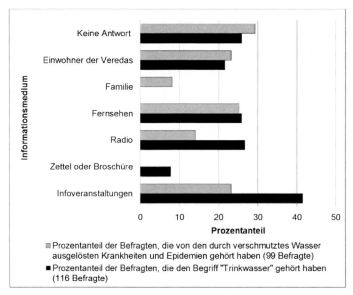

Abbildung 10-3: Von den Befragten genannten Informationsmedien zum Begriff „Trinkwasser"
und zu den durch verschmutztes Wasser ausgelösten Krankheiten und Epidemien
(Mehrfachantworten möglich)

Bei den Radiospots wurden die dafür verantwortlichen Institutionen von den Befragten nicht identifiziert, aber es kann gesagt werden, dass diese zu der Stadtverwaltung gehören, weil nur die Stadtverwaltung Radiospots über Trinkwasser in Medellín vornimmt. Außerdem werden diese Spots von den Rundfunksendern auf der Lokaleben gesendet (in Frequenzmodulation).

Für das Fernsehen wurden die Informationsquellen von den Befragten auch nicht identifiziert. In diesem Fall könne die verantwortlichen Institutionen auch nicht ohne Weiteres festgestellt werden, weil die Fernsehsender nicht nur lokale Sender sind.

10.2. Wahrnehmung des Trinkwasseraufbereitungssystem

Der Unterschied zwischen Trink- und Rohwasser wird durch die Kampagne vor allem über die Wasseraufbereitung vermittelt: Rohwasser bleibt unbehandelt, während Trinkwasser eine Behandlung erfährt.

Obwohl die Darstellung des Wasseraufbereitungssystems als Gegenstand der Sensibilisierungskampagnen bedeutsam ist, kennen dieses nur knapp 42% der Befragten. Von diesen Befragten hatten 82,7% das Angebot der Trinkwasser-versorgungsunternehmen einer geführten Besichtigung durch die Wasserauf-bereitungsanlagen genutzt. Von den oben genannten 42% können 75% konkrete Angabe über die Wasseraufbereitungsanlagen machen, 19,2% davon sogar konkrete Verfahren benennen.

10.3. Wahrnehmung der Trinkwasserversorgungsunternehmen

Zum einen vertauschen 61,6% der Befragten die Versorgung von Wasser, ohne das Wasserqualität zu berücksichtigen, als eine öffentliche Daseinsvorsorge, während nur 28% der Befragten bezeichnen richtig die Trinkwasserversorgung innerhalb dieser Dienstleistungen.

Zum anderen können nur 46,4% den Name des Trinkwasserversorgungsunternehmens in ihrer Veredas nennen, obwohl alle Befragten angeschlossene Nutzer an das Trinkwasserversorgungsnetz sind.

10.4. Wahrnehmung des Gebührensystems

Wichtige Parameter zu Berechnung der Trinkwassergebühren in Kolumbien sind die bezogene Trinkwassermenge und Subventionen oder Kontributionen (siehe Kapitel 6).

Hinsichtlich der Kenntnis über diese zwei Informationen sind die Prozentanteile 32,8% bzw. 33,6% der Befragten.

Auf die Frage nach der monatlichen Trinkwasserverbrauchsmenge zeigt die Tendenz der Befragten, nur mit dem monetären Rechnungsbetrag zu antworten, dass sie die Verbrauchsmenge nicht kennen, obwohl diese auf den Rechnungen aufgeführt sind. Die folgenden Aussagen wurden häufig während der Leitfadeninterviews gesagt:

„Eso sí viene escrito, pero uno sólo paga el total" (Das - Trinkwassermenge - steht auf der Rechnung, aber man bezahlt nur den Rechnungsbetrag) oder „...a veces aparece en la factura" (das steht manchmal auf der Rechnung).

Über die einzelnen Positionen auf der Rechnung haben 39,2% der Befragten geantwortet, dass sie ihre Bedeutung kennen. Aber die anderen Befragten sind nur an dem Rechnungsbetrag interessiert.

11. Wirkungen der ausgewählten Sensibilisierungskampagnen

Um die Wirkungen der Sensibilisierungskampagnen zur Nutzung des Trinkwassers zu identifizieren, ist eine Analyse sowohl der Verhaltensweise als auch ihrer Gründe erforderlich. Es ist anzumerken, dass alle Befragten angeschlossene Nutzer der Trinkwasserversorgungsunternehmen sind (Zur Begründung der Auswahl der angeschlossenen Nutzer als Grundgesamtheit siehe Kapitel 4).

Die Auswertung der Leitfadeninterwies zeigt, dass drei verschiedenen Gruppen in den ländlichen Stadtteilen von Medellín unterschieden werden können (siehe Abbildung 11-1), u.a. aufgrund einer differenzierten Wahrnehmung der Motive der Sensibilisierungs-kampagnen:

- Gruppe 1: Der Rohwasserkonsum wird aufrechterhalten
- Gruppe 2: Es findet ein Mischkonsum aus Rohwasser und aufbereitetem Trinkwasser statt
- Gruppe 3: Der bisherige Rohwasserkonsum wurde zugunsten des Konsums von aufbereitetem Trinkwasser aufgegeben

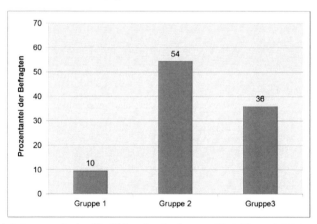

Abbildung 11-1: Gruppen in den ländlichen Stadtteilen von Medellín nach Trinkwasserkonsum

11.1. Gruppe 1: Rohwasserkonsum

Diese Gruppe verbraucht nur Rohwasser, das durch kommunale Rohwasser-versorgungsunternehmen versorgt wird. Gründe dafür sind die als „zu hoch" wahrgenommenen Gebühren der Trinkwasserversorgung und die Bewertung der Wasserqualität nur durch physischen, sinnlich wahrnehmbaren Parameter. Die Analyse (Korrelation) nach soziökonomischen Schichten zeigt, dass die Gruppe 1 nur aus Nutzer der unteren Unterschicht (1) und der Unterschicht (2) besteht (siehe Kapitel 6).

Die Befragten dieser Gruppe finden die Gebühren der Trinkwasserversorgung zu hoch im Vergleich zu den „Gebühren" der Rohwasserversorgungsunternehmen, die keine Fixkosten oder Verbrauchskosten beinhalten (siehe Kapitel 6). Aufgrund des Fehlens eines Wasseraufbereitungssystems und Wasserzählern auf Haushaltsebene berechnen die Rohwasserversorgungsunternehmen keine Verbrauchskosten. Deshalb bestätigen die Befragten, dass sie hier keinen Anreiz zum Wassersparen haben, da es keine monetären Grenzen gibt: „Es más favorable, es más barata, uno gasta y gasta y paga lo mismo sin importar la cantidad" („Dieses Wasser –Rohwasser- ist günstiger und billiger, man kann viel Wasser verbrauchen und bezahlt immer das gleiche").

Hinsichtlich der Wahrnehmung der Wasserqualität finden die Befragten die Rohwasserqualität gut. Als Unterschied zwischen dem Rohwasser und dem Trinkwasser erklären die Befragten, dass das Wasser der Trinkwasserversorgungs-unternehmen eine Aufbereitung hat. Dennoch ist diese Wasseraufbereitung nicht als ein erforderliches Verfahren wahrgenommen, um die Trinkwasserqualität zu erreichen. Beispielsweise haben alle der Befragten dieser Gruppe den Begriff „Trinkwasser" gehört, nur 75% kennen teilweise seine Definition. Von diesen definieren 45% Trinkwasser als „aufbereitetes Wasser" und 33% als „sauberes Wasser" oder „pures Wasser", während die übrigen 22% beide Definitionen nennen. Die Befragten nehmen die Qualität des Rohwassers als identisch mit der des Trinkwassers wahr, außer wenn es regnet, weil das Rohwasser dann durch Trübestoffe gelb gefärbt ist. Diese Situation beweist, dass die Befragten nur die sinnlich wahrnehmbaren Parameter berücksichtigen, während die Funktion der Wasseraufbereitungsverfahren kognitiv nicht präsent ist (siehe Kapitel 9). Ein anderes Beispiel ist, dass nicht alle der Befragten dieser Gruppe das Rohwasser vor dem Trinken abkochen, obwohl 73% von ihnen wasserbezogene Krankheiten oder Epidemien nennen konnten. Andere Personen nutzen das Wasser meist ohne vorheriges Abkochen: „…cuando hay tiempo y forma se hierve…" (…Wenn es möglich ist, kocht man das Wasser ab…). Die in dieser Arbeit befragten Experten behaupten, dass die Benutzer dieser Gruppe ihres Rohwasserkonsums sehr häufig mit der folgenden Aussage begründen: „toda la vida hemos tomado agua sin tratar y a nadie de la familia le ha hecho daño" (wir haben immer Wasser ohne Aufbereitung getrunken und es hat keinen aus der Familie krank gemacht). Es zeigt den Mangel an Wahrnehmung der Funktionen der Wasseraufbereitungsverfahren wie z.B. die Desinfektion, und deshalb wird das Rohwasser, das sie trinken, nicht als potenzielle Gefährdung für die Gesundheit wahrgenommen.

Zusammenfassend kann gesagt werden, dass von den meisten Befragten dieser Gruppe kein Zusammenhang zwischen ihrer Rohwassernutzung und der möglichen wasserbezogenen Krankheiten gesehen wird. Außerdem nehmen sie als einzigen Unterschied zwischen Trinkwasser und Rohwasser die Gebühren wahr. Daraus folgt, dass die Akzeptanz des Rohwasserkonsums aufsteigt.

11.2. Gruppe 2: Mischkonsum aus Rohwasser und aufbereitetem Trinkwasser

Die Wohnungen der Personen dieser Gruppe haben separate Anschlüsse sowohl für Trinkwasser als auch für Rohwasser. Die Versorgung des Rohwassers erfolgt entweder durch Rohwasserversorgungsunternehmen oder durch eigene Wasserentnahme aus Fließgewässern.

Die Trinkwassernutzung und die Rohwassernutzung unterscheiden sich deutlich. Während das Trinkwasser nur als Lebensmittel verwendet wird, nutzen die Personen dieser Gruppe das Rohwasser zur Raumreinigung, zum Wäschewaschen, zur Toilettenspülung, für Duschen, sonstige Maßnahmen der Körperpflege und zur Gartenbewässerung. Auf diese Weise beschränkt sich das Trinkwasserkonsum auf das Trinken und die Zubereitung von Speisen und Getränken.

Die Mehrheit dieser Gruppe (91%) hat den Begriff „Trinkwasser" gehört. Von diesen 91% können 90% teilweise diesen Begriff definieren (siehe Abbildung 11-2).

87% dieser Gruppe bewertet das Wasser der Trinkwasserversorgungsunternehmen als Trinkwasser. Die anderen 13% der Befragten sind nicht sicher, ob das „aufbereitetes Wasser" der Trinkwasserversorgungsunternehmen als „Trinkwasser" bewertet werden kann.

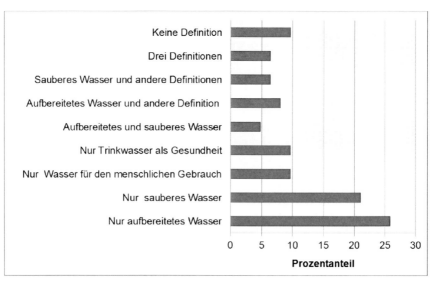

Abbildung 11-2: Bedeutung des Begriffes „Trinkwasser" für Befragten der Gruppe 2, die dieser gehört haben

Der Begriff „Trinkwasser" ist immer mit den Trinkwasserversorgungsunternehmen verbunden und die Befragten dieser Gruppe finden die Trinkwasserqualität gut, obwohl der Begriff Trinkwasser nicht klar ist. Beispielweise trinkt und nutzt 71% dieser Gruppe das Trinkwasser direkt von dem Hahn. Das andere 29% koch das Trinkwasser, um es zu trinken, aber die Mehrheit von ihnen erklären, dass das Abkochen des Wassers nur eine Gewohnheit ist und nicht wie ein Indikator für das Misstrauen der Trinkwasserqualität gesehen werden sollte.

Diese Gruppe erkennt auch, dass das Rohwasser mit Krankheitserreger verschmutzt sein kann. Deshalb ist die Trinkwasserversorgung für sie ein Faktor zur Verbesserung der Gesundheit sowie der Lebensqualität. Aussagen wie „uno se siente más seguro tomando el agüita", „…uno sabe que no se va a enfermar por el agua, porque está tratada" und „el agua de la quebrada está contaminada por el ganado y así llegan los microorganismos al hogar" („man fühlt sich sicher, wenn man Trinkwasser trinkt; man weiß, dass man durch das Wasser nicht erkranken wird, weil es aufbereitetes Wasser ist; das Fließgewässer ist vom Vieh verschmutzt, dadurch hat das Wasser Mikroorganismen") belegen dies. Außerdem können 72% der Befragten dieser Gruppe mindestens eine wasserbezogene Krankheit bzw. Epidemie oder mindestens ein entsprechendes Krankheitsbild nennen.

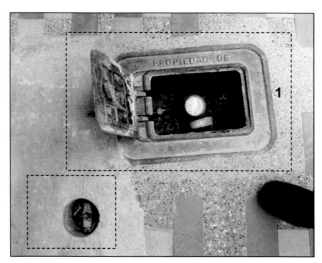

Abbildung 11-3: Anschlüsse an das Trinkwassernetz (1) und das Rohwassernetz (2)

Obwohl die Wahrnehmung von Konzepten, Vorteile der Trinkwassernutzung sowie Risiken des Rohwasserkonsum in dieser Gruppe deutlich höher als die von Gruppe 1 ist, entspricht der Mischkonsum von Trinkwasser und Rohwasser Mangel an Zusammenhängen zwischen Rohwasser und seinem Potenzial als Verschmutzungs- quelle von Krankheitserreger für das Trinkwasser und Gebrauchsgegenstände. Als Folge davon werden die gleichen Rohrleitungen innerhalb der Wohnungen von 47% der Befragten dieser Gruppe sowohl für den Transport des Rohwassers als auch des Trinkwassers wahlweise nach die Anschlüsse genutzt (siehe Abbildung 11-3). Dieses Verhalten repräsentiert eine Trinkwasserverschmutzungsquelle für das ganze Trinkwasserversorgungsnetz und deswegen für die anderen angeschlossenen Nutzer der Trinkwasserversorgungsunternehmen. Die Staatbeamten des Gesundheits- sekretariats der Stadtverwaltung und die Leiter der Trinkwasserversorgungs- unternehmen wissen über dieses Problem, dennoch wird keine Maßnahme durch- geführt. Die anderen 53% der Wohnungen der Befragten haben separate Leitungs- netze, z.B. das Leitungsnetz der Küche versorgt nur das Trinkwasser.

Da 62% der Befragten dieser Gruppe die von den Trinkwasserversorgungsunternehmen und der Stadtverwaltung von Medellín für die Trinkwasser-Sensibilisierungskampagnen hinsichtlich des Begriffes „Trinkwasser" verwendete Informationsmedien identifizierten, kann die heutige Trinkwassernutzungswahrnehmung und auch das Mischkonsum als eine Wirkung von solchen Sensibilisierungskampagnen. Die niedrige Wahrnehmung der

Rohwasser als Verschmutzungsquelle für das Trinkwasser und auch Gegenstände ist auch eine Wirkung der Trinkwasser-Sensibilisierungskampagnen seitens der Trinkwasserversorgungsunternehmen und der Stadtverwaltung von Medellín. Allerdings identifizierten nur 30,9% der Befragten dieser Gruppe in diesem Kontext Informationsmedien von diesen Sensibilisierungskampagnen.

11.3. Gruppe 3: Trinkwasserkonsum

80% der Personen dieser Gruppe nutzen das Trinkwasser zum Trinken und für die Zubereitung von Speisen und Getränken direkt. Die anderen 20% kochen das Wasser ab, um es zu trinken. Die Begründung dieses Abkochens ist die gleiche wie Gruppe 2. Das Wasser wird von 98% dieser Gruppe als Trinkwasser definiert.

89% der Befragten dieser Gruppe haben den Begriff „Trinkwasser" gehört und können ihn definieren. 58% der Befragten erkannten die Trinkwasser-Sensibilisierungs-kampagnen in Informationsmedien, die von den Trinkwasserversorgungsunternehmen und der Stadtverwaltung von Medellín genutzt wurden. Die Befragten dieser Gruppe, wie auch der Gruppe 2, erkennen die biologischen Parameter und Gefährdungsfaktoren für die Gesundheit als Unterschiede zwischen dem Trink- und dem Rohwasserkonsum. Nur 18% der Befragten dieser Gruppe führten bei ihnen vorhandene Informationen über die durch verschmutztes Wasser ausgelösten Krankheiten und Epidemien auf die Sensibilisierungskampagnen zurück.

11.4. Andere Wirkungen

Eine unbeabsichtigte Wirkung der Sensibilisierungskampagnen ist die Tendenz, die Sensibilisierungskampagne der Trinkwasserversorgungsunternehmen und der Stadtverwaltung als kommerzielle Werbung für ein Verkaufsprodukt der Trinkwasserversorgungsunternehmen wahrzunehmen. Auf diese Art nehmen die Befragte die Ziele sowohl der Sensibilisierungskampagnen als auch der Trinkwasser-versorgungsunternehmen nicht wahr, wie z.B. Verbesserung der Lebensqualität. Dabei stellen die Befragten auch einen ökonomischen Zusammenhang zwischen den Trinkwasserversorgungsunternehmen und der Stadtverwaltung von Medellín fest: „Agua potable es la que vende el gobierno" (Trinkwasser ist dasjenige, das die Regierung verkauft).

In der Absicht Zusammenhängen zwischen den sozialen Faktoren (sozioökonomische

Schicht, Bildungsgrad, Jahre), dem Wissensstand und der Wahrnehmung der Befragten zu beweisen, wurden diese Daten korreliert. Einen Einfluss dieser sozialen Faktoren auf die Wahrnehmung der Sensibilisierungskampagnen konnte nicht nachgewiesen werden. Eine Ausnahme ist die Tatsache, dass diejenigen sozialen Gruppen, die trotz Vorhandensein eines entsprechenden Anschlusses kein Trinkwasser nutzen, den zwei unteren sozioökonomischen Schichten (siehe Kapitel 6) angehören

12. Kritische Aspekte der Wirkungen der ausgewählten Sensibilisierungskampagnen und mögliche Verbesserungsmaßnahmen

Nach der Analyse der durchgeführten Sensibilisierungskampagnen über Trinkwasser, ihrer Wahrnehmung seitens der Zielgruppe und ihrer Wirkungen werden in diesem Kapitel unterschiedliche kritische Aspekte der Wirkungen der Sensibilisierungs- kampagnen hervorgehoben.

Die Vermittlung von Inhalten und Bedeutungen des Begriffs „Trinkwasser" ist für die Erhöhung der Akzeptanz der Trinkwasserversorgung notwendig. Aus diesem Grund informieren die meisten Sensibilisierungskampagnen darüber; vor allem über den Zusammenhang zwischen Trinkwasser und der Verbesserung der Lebensqualität. Dennoch zeigte diese Untersuchung, dass diese Informationsmodule der Kampagnen keine ausreichenden Wirkungen entfaltet haben, um die Unterschiede zwischen Trinkwasser und Rohwasser bei den Zielgruppen zu verankern. Beispielsweise wurden hier nur Fragmente der wichtigsten Inhalte des Begriffs „Trinkwasser" wahrgenommen. Ein Teil der Befragte beschreibt Trinkwasser als „aufbereitetes Wasser", das von einem Trinkwasserversorgungsunternehmen angeboten wird. Als Konsequenz daraus wird der Begriff „Trinkwasser" als ein Verkaufsprodukt der Trinkwasserversorgungsunternehmen verstanden, das heißt, dass der Begriff als Standard der Wasserqualität zum menschlichen Gebrauch nicht wahrgenommen wird. Dabei stellen die Befragten auch einen Zusammenhang zwischen der Stadtverwaltung und den Trinkwasserversorgungs- unternehmen, der nach Angabe der Befragten um privat-wirtschaftliche Ziele geht. Dieser Zusammenhang beeinträchtigt die Akzeptanz der Trinkwasserversorgungs- unternehmen, weil die Trinkwasserversorgungsunternehmen als Institutionen gesehen werden, durch die die Stadtverwaltung Geld verdient.

Viele Befragte nennen das Trinkwasser auch „sauberes oder pures Wasser". Diese Wahrnehmung ist von physischen, sinnlich wahrnehmbaren Parametern geprägt (Trübung, Farbe, Geruch, Geschmack, u.a.). Aufgrund der guten physischen, sinnlich wahrnehmbaren Parameter der Wasserqualität der Fließgewässer im Unter- suchungsgebiet (siehe Kapitel 7) wird das Rohwasser somit auch als Trinkwasser wahrgenommen, deshalb steigt die Akzeptanz der Rohwasserversorgungsunternehmen auf. Das führt auch zu einer niedrigen Wahrnehmung der Zusammenhänge zwischen der mikrobiologischen Wasserqualität (z.B. Vorhandensein von Coliforme Bakterien), den Krankheitserregern und dem Rohwasserkonsum. Auf diese Weise ist es ein Risiko für die Trinkwasserakzeptanz, wenn die Nutzer das Wasser, das sie zum Trinken oder zum Vorbereitung des Lebensmittels nutzen, nur aufgrund der Basis sinnlich wahrnehmbarer Parameter bewerten.

Eine Lösung dafür wäre eine intensivere Darstellung der Wasseraufbereitungsanlagen im Rahmen der Kampagnen. Mögliche Medien dafür wären geführte Besichtigungen von Wasseraufbereitungsanlagen oder Videos über die Trinkwasserver- sorgungssysteme bei Infoveranstaltungen und in Schulen. Obwohl die Trinkwasser- versorgungsunternehmen diese Strategie verwandten, haben Inhaltsanalysen von Videos gezeigt, dass sie sich auf eine Information über die technischen Funktionen der Anlagen beschränken, anstatt die positiven Wirkungen der Wasserqualität in den Vordergrund zu stellen. Ebenso wäre die Darstellung aller mikrobiologischen, chemischen und physischen, sinnlich wahrnehmbaren Parameter sowohl des Trinkwasser als auch des Rohwassers auch bedeutsam.

Zur Vermeidung von Verwechslung der Rohwasserversorgungsunternehmen mit den Trinkwasserunternehmen sollten immer die Namen der Trinkwasserversorgungs- unternehmen in Kampagnen sowohl von den Trinkwasserversorgungsunternehmen als auch von der Stadtverwaltung genannt werden. Die Erklärung der Ziele der Zusammenarbeit zwischen den Trinkwasserversorgungsunternehmen und der Stadtverwaltung könnte auch die Akzeptanz der Trinkwasserversorgung erhöhen.

Der Mangel an Botschaften über die wasserbezogenen Krankheiten und die Verbreitungswege von Krankheitserregern dieser Krankheiten führt auch zu Erhöhung der Akzeptanz des Rohwasserkonsums. Beispielhaft ist die Begrenzung der Trinkwassernutzung auf das Trinken und die Zubereitung von Speisen und Getränken, wenn „das Trinkwasser der Oberbegriff für alles Wasser für den menschlichen Gebrauch ist" (GROHMANN & et. al, 2011), während das Rohwasser wird zur Raumreinigung, zum Wäschewaschen, zur Toilettenspülung, für Duschen, sonstige Maßnahmen der Körperpflege und zur Gartenbewässerung verbraucht. Ein anderes Beispiel ist wahlweise Nutzung der Rohrleitungen für den Transport des Rohwassers oder des Trinkwassers innerhalb der Wohnungen einiger Nutzer. Es repräsentiert eine Gefährdung für die Gesundheit der Bevölkerung, weil Gebrauchsgegenständen durch Kontakt mit verunreinigtem Wasser kontaminiert werden können.

Bei Durchführung von mehr Sensibilisierungskampagnen über die wasserbezogene Krankheiten und die Verbreitungswege von Krankheitserregern dieser Krankheiten sowie auch die Zusammenhänge zwischen den mikrobiologischen Parametern des Rohwasser und den Krankheiten wäre es möglich, auch die Wahrnehmung der Risiken des Rohwasserkonsums zu erhöhen. Ein Botschaft dieser Kampagnen könnte sein, dass wasserbezogene Krankheiten, die durch Berührung mit verschmutztem Wasser kontaminierter Gebrauchsgegenstände übertragen werden können, z.B. bei Rohwassernutzung zur Raumreinigung, zum Wäschewaschen sowie zum Geschirrspülen. Auch die wahlweise Nutzung der Rohrleitungen für den Transport des Rohwassers oder des Trinkwassers innerhalb der Wohnungen einiger Nutzer sowie die illegalen Anschlüsse sollten als eine Bedrohung für das ganze Trinkwasserversorgungsnetz dargestellt werden.

Die befragten Experten beschweren sich über den niedrigen Trinkwasserverbrauch der Nutzer, weniger als 5 m^3 Trinkwasser pro Monat. Nach Angaben der Befragten wird das Trinkwasser häufig nur zum Trinken und für die Zubereitung von Speisen und Getränken verwendet, deshalb verbrauchen sie nicht mehr als ca. 5m^3 Trinkwasser pro Monat. Um den Trinkwasserverbrauch pro Nutzer aufzusteigen, sollten zukünftige Kampagnen die Vorteile der anderen Trinkwassernutzungen und die Nachteile der Verwendung von Rohwasser stärker betonen. Beispielsweise sollten die Kampagnen ihre Inhalte stärker auf die Themen „Wasser als Verursacher von Krankheiten und Epidemien" und „hygienische Probleme bei der Verwendung von Rohwasser zur Raumreinigung, zum Wäschewaschen und für die Körperpflege" hin fokussieren.

13. Methodologische Reflexion

Ziel der vorliegenden Studie war es, eine Methodologie zur Identifizierung der Wirkungen öffentlicher Sensibilisierungskampagnen im Rahmen einer Evaluierung ohne „Vorher-Analyse" zu entwickeln, da diese in vielen Fällen nicht durchgeführt wird bzw. werden kann.

Ausgangspunkt der Überlegung waren die in der Literatur häufig festgestellten, unterschiedlichen Wahrnehmungen von Informationen, Botschaften und Motiven der öffentlichen Sensibilisierungskampagnen. Dadurch entwickelten die Sensibilisierungskampagnen beabsichtigte und unbeabsichtigte Wirkungen.

Wichtige Bestandteile des gewählten Methodenmixes zur Analyse dieser Wirkungen waren:

1. die Literaturrecherche von Studien über die sozialen und rechtlichen Bedingungen des Themas der Sensibilisierungskampagne nicht nur auf der lokalen Ebene, sondern auch auf der nationalen Ebene. (Modul 1)
2. die technische geführte Besichtigung des Untersuchungsgebietes, um sowohl die Akteure der Sensibilisierungskampagnen zu bestimmen als auch ihre soziale und wirtschaftliche Situation zu analysieren (Modul 2).
3. die Analyse des Inhalts der durchgeführten Sensibilisierungskampagnen als Voraussetzung für das Leitfadeninterviewsdesign (Modul 2)
4. die Erhebung der Wahrnehmung der Zielgruppe durch qualitative Leitfadeninterviews ermöglichte die Erhebung ihres Wissensstandes einerseits und der Ursachen und Hintergründen ihrer Verhaltensweisen andererseits (Modul 2). Dabei spielt die Kenntnis von den sozialen Bedingungen des Untersuchungsgebietes eine bedeutsame Rolle, um die Wahrnehmung der Zielgruppe zu analysieren.

Die Leitfadeninterviews mit den ausgewählten Experten lieferten zu diesem Wirkungsnachweis nur einen geringen Beitrag. Diese Interviews helfen, um die soziale und wirtschaftliche Situation der Zielgruppen mit ihren Verhaltensweisen zu verbinden.

Die Dokumentation von Form und Inhalten der durchgeführten Sensibilisierungskampagnen spielt eine bedeutsame Rolle zum Design der Leitfadeninterviews und zur Feststellung der analysierten Sensibilisierungskampagnen als Ursache der Wirkungen.

Die Notwendigkeit einer detaillierten oder wenig detaillierten Dokumentation dieser Kampagnen ist abhängig von dem Untersuchungsgebiet. Für das Fallbeispiel war die Dokumentation in Form und Inhalten der durchgeführten Sensibilisierungskampagnen durch die Kampagnenträger Trinkwasserversorger und Stadtverwaltung unzureichend. Trotzdem haben die Befragten diese Kampagnenträger und ihre Medien erkannt.

Abschließend kann festgestellt werden, dass die getestete Methodologie geeignet ist, um nicht nur Wirkungen der öffentlichen Sensibilisierungskampagnen zu evaluieren, sondern auch um das Kampagnen-Konzepts zu optimieren.

ANLAGE 1: Leitfadeninterview für Kampagnen-Zielgruppe

1. Wie ist der Name der Vereda?
2. Hat die Wohnung öffentliche Daseinsvorsorge? Welche?
3. Wie versorgen Sie sich mit Wasser für die Vorbereitung des Lebensmittels?
4. Welches Unternehmen versorgt das Wasser?
5. Wie wird das Wasser in dieser Wohnung versorgt?
6. Hat die Wohnung andere Möglichkeit zur Wasserversorgung? Wozu nutzen Sie dieses Wasser?
7. Wird das Wasser zum Trinken direkt konsumiert? Oder gekocht? Warum?
8. Haben Sie den Begriff „Trinkwasser" gehört? Wo? Wer?
9. Was bedeutet „Trinkwasser?
10. Haben Sie von den wasserbezogenen Krankheiten oder Epidemien gehört? Wo? Wer? Welche Krankheiten?
11. Bewerten Sie das Wasser zum Trinken in Ihrer Wohnung als Trinkwasser? Warum?
12. Könnten Sie mir beschreiben, die Qualität des Wassers zum Trinken in Ihrer Wohnung?
13. Wie viele Stunden pro Tag wird das Trinkwasser versorgt?
14. Gibt es Störungen bei der Wasserversorgung? Wissen Sie der Grund dieser Störungen?
15. Bekommen Sie monatlich eine Rechnung der Gebühren der Trinkwasserversorgung?
16. Wissen Sie, wie viel Wasser Sie pro Monat verbrauchen? Steht der Wasserverbrauchsmenge auf der Rechnung?
17. Wissen Sie, ob Sie eine Subvention für das Trinkwasser bekommen?
18. Wie viel bezahlen Sie monatlich für die Trinkwasserversorgung?
19. Wie haben Sie gelernt, wo diese Werte auf der Rechnung stehen?
20. Haben Sie dem Bauen des Trinkwasserversorgungssystems zugestimmt?
21. Hat das Trinkwasserversorgungssystem Vorteile? Welche?
22. Hat das Trinkwasserversorgungssystem Nachteile? Welche?
23. Kennen Sie die Wasseraufbereitungsanlage des Trinkwasserversorgungssystems? Warum? Welche Anlage oder Verfahren können Sie mir sagen?
24. Nehmen Sie an die Infoveranstaltungen des Trinkwasserversorgungsunter-

nehmens teil? Warum?

25.   Welchen Unterschied gibt es, zwischen dem Trinkwasser und dem Rohwasser?

26.   Welches Bildungsniveau haben Sie? Und welche Klasse oder welches Semester war/ist die letzte?

27.   Sozioökonomische Schichte/ Jahre / Geschlecht

ANLAGE 2: Leitfadeninterview für ausgewählten Experten

1. Nehmen die Nutzer an die Aktivitäten der Trinkwasserversorgungsunternehmen teil?

2. Wie ist die Akzeptabilität seitens der Bevölkerung?

3. Welche Strategien und Maßnahmen hat das Trinkwasserversorgungsunternehmen durchgeführt, um die Trinkwassernutzung zu fördern? Hatten diese Erfolgt?

4. Berücksichtigen diese Strategien und Maßnahmen Themen wie z.B. Vorteile der Trinkwassernutzung, wasserbezogene Krankheiten?

5. Kennen die Nutzer die Wasseraufbereitungsanlage und ihre Funktion? Warum?

ANLAGE 3: Ausgewählte ländliche Stadtteile von Medellín / Untersuchungsgebiet

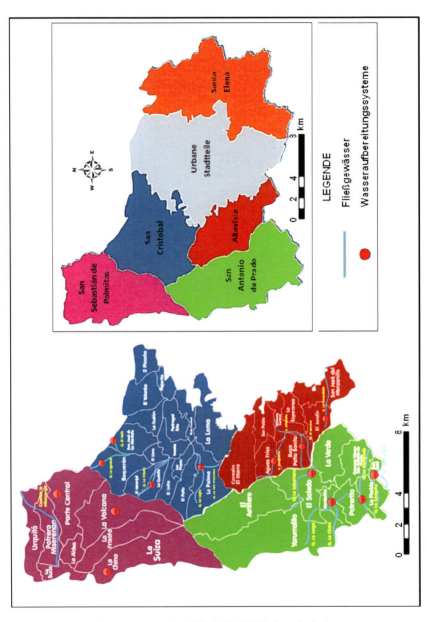

Quelle: Alcaldia de Medellín (2010a) verändert

ANLAGE 4: Departamentos von Kolumbien

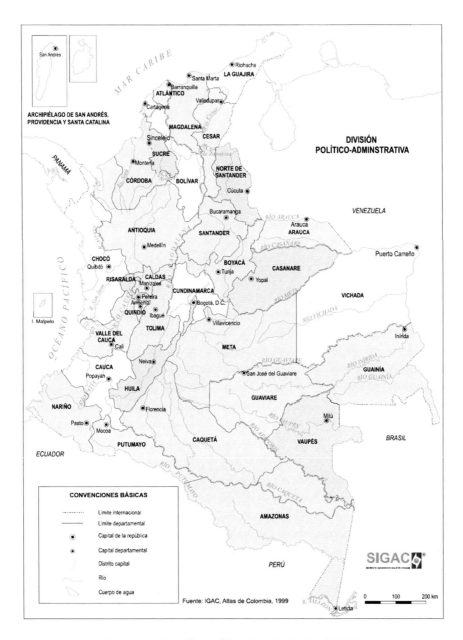

Quelle: Instituto Geográfico Agustin Codazzi (1999)

ANLAGE 5: Gemeinden und Regionen von Antioquia

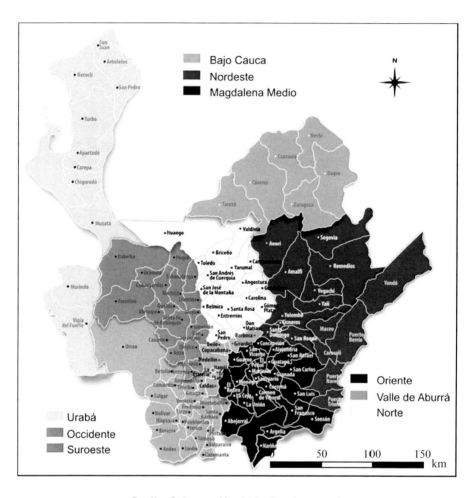

Quelle: Gobernación de Antioquia verändert

ANLAGE 6: Anforderungen an die Qualität des Trinkwassers

Parameter	Einheit	Grenzwert		
		Dekret 475 von 1998 (Kolumbien)	Bescheid 2115 von 2007 (Kolumbien)	WHO
Mikrobiologische Parameter und Werte				
Escherichia coli	Anz. / 100 ml	0	0	0
Coliforme Bakterien	Anz. / 100 ml	0	0	0
Chemische Parameter und Werte				
Aluminium	mg/l	0,2	0,2	0,2
Antimon	mg/l	0,005	0,02	0,02
Arsen	mg/l	0,01	0,01	0,01
Barium	mg/l	0,5	0,7	0,7
Blei	mg/l	0,01	0,01	0,01
Cadmium	mg/l	0,003	0,003	0,003
Chrom	mg/l	0,01	0,05	0,05
Cyanide	mg/l	0,05	0,05	0,07
Kupfer	mg/l	1	1	2
Fluorid	mg/l	1,2	1	1,5
Molybdän	mg/l	0,07	0,07	0,07
Nickel	mg/l	0,02	0,02	0,07
Nitrat	mg/l	10	10	50
Nitrit	mg/l	0,1	0,1	3
PAK	mg/l	0,2	0,01	0,0007
Quecksilber	mg/l	0,001	0,001	0,006
Selen	mg/l	0,01	0,01	0,01
Trihalogenmethane	mg/l	0,1	0,2	1
Indikatorparameter				
Calcium	mg/l	60	60	
Chlorid	mg/l	250	250	250
Gesamthärte	mg/l $CaCO_3$	160	300	500
Eisen	mg/l	0,3	0,3	0,3
Magnesium	mg/l	36	36	
Mangan	mg/l	0,1	0,1	0,4
TOC (mg/l)	mg/l		5	
Phosphat	mg/l PO_4^{3-}		0,5	
Sulfat	mg/l SO_4^{2-}	250	250	250
Zink	mg/l	5	3	15
Färbung	Platinum-Cobalt-Skala	< 15	15	15
Geschmack		für den Verbraucher annehmbar und ohne anormale Veränderung		
Trübung	nephelometrische Trübungseinheiten (NTU)	< 5	2	5
el. Leitfähigkeit	µS/cm	50 - 1000	< 1000	
pH - Wert		Zwischen 6,5 und 9,0	Zwischen 6,5 und 9,0	Zwischen 6,5 und 9,5

Daten aus Dekret 475 von 1998, Bescheid 2115 von 2007 und WHO (2008)

LITERATURVERZEICHNIS

Alcaldía de Medellín (2008): Evaluación del Impacto del programa de Salud Sexual y Reproductiva en Adolescentes de Medellín, 2008. Banco Internacional del Desarrollo y Secretaría de Salud de Medellín. URL: http://www.medellin.gov.co/irj/go/km/docs/wpccontent/Sites/Subportal%20del%20Ciu dadano/Salud/Secciones/Publicaciones/Documentos/2009/Evaluaci%C3%B3n%20I mpacto%20Sol%20y%20Luna.pdf [Stand: 28.11.2011]

Alcaldia de Medellín (2010a): Manejo integral del agua para el consumo humano. URL:http://www.medellin.gov.co/irj/go/km/docs/wpccontent/Sites/Subportal%20del%2 0Ciudadano/Desarrollo%20Social/Secciones/Plantillas%20Gen%C3%A9ricas/Docu mentos/2011/mapa-v-7/inicio.swf [Stand: 13.11.2011]

Alcaldía de Medellín (2010b): Encuesta de Calidad de Vida Medellín 2009. Fuerza de Trabajo. Departamento Administrativo de Planeación.

Alcaldía de Medellín (2011a): Informe del Diagnóstico del estado actual de los Acueductos Veredales del Municipio de Medellín.

Alcaldía de Medellín (2011b): Encuesta de Calidad de Vida Medellín 2010. Perfil Socioeconómico Corregimiento 80 San Antonio de Prado. Departamento Administrativo de Planeación.

Alcaldía de Medellín (2011c): Encuesta de Calidad de Vida Medellín 2010. Perfil Socioeconómico Corregimiento 70 Altavista. Departamento Administrativo de Planeación.

Alcaldía de Medellín (2011d): Encuesta de Calidad de Vida Medellín 2010. Perfil Socioeconómico Corregimiento 60 San Cristobal. Departamento Administrativo de Planeación.

Alcaldía de Medellín (2011e): Encuesta de Calidad de Vida Medellín 2010. Departamento Administrativo de Planeación.

ALZATE, Maria Cristina (2006): La estratificación socioeconómica para el cobro de los servicios públicos domiciliarios en Colombia ¿Solidaridad o focalización?. CEPAL – SERIE Estudios y perspectivas. Oficina de la CEPAL en Bogotá 14. 2006. ISSN: 1684 – 9469

ANAND, P. B. (2007): Scarcity, entitlements and the economics of water in developing countries. Cheltenham (u.a.): Elgar, 2007. ISBN: 978-1-84376-768-8

BALRAJ, V. & JHON, T. (1986): Evaluation of a poliomyelitis immunization campaign in Madras city. Bulletin of the World Health Organization. Vol 64. N° 6. S: 861 – 865.

BETRÓN, J. & BUELA, G. (2005): Evaluación del efecto de las campañas publicitarias de prevención de VIH/SIDA en adolescentes. Psicothema. Vol. 17. No 004. S: 590 – 596. Oviedo, España. ISSN: 0214 – 9915

BOGNER, A; LITTIG B. & MENZ, W. (Hg.) (2005): Das Experteninterview. Theorie, Methode, Anwendung. Weisbaden: VS Verlag.

BZgA (Bundeszentrale für gesundheitliche Aufklärung) (2009): Aids im öffentlichen Bewusstsein der Bundesrepublik Deutschland 2008. Kurzbericht. Köln

CONPES (2005): Documento CONPES 3386: Plan de Acción para la focalización de los subsidies para servicios públicos domiciliarios. Bogotá. 2005 http://www.dane.gov.co/files/dig/CONPES_3386_oct2005_Focaliz_subsidios_servicio s_publicos.pdf [Stand: 19.10.2011]

Comisión de Regulación de Agua Potable y Saneamiento Básico [CRA] (2000): Reglamento Técnico del Sector de Agua Potable y Saneamiento Básico. Bogotá. Comisión de Regulación de Agua Potable y Saneamiento Básico (CRA).

Ciudad Rural (2010): Abril 15 a Mayo 15 / 2010 No. 94

Departamento Administrativo Nacional de Estadistica [DANE] (2004): Información para alcaldes y autoridades de los municipios y distritos. Estratificación socioeconómica. Versión mayo – 2004

DANE (2010a): Perfil Sociodemográfico 2005 – 2015. Corregimiento 60 San Cristobal. Convenio Interadministrativo DANE-Municipio de Medellín.

DANE (2010b): Perfil Sociodemográfico 2005 – 2015. Corregimiento 70 Altavista. Convenio Interadministrativo DANE-Municipio de Medellín.

DANE (2010c): Perfil Sociodemográfico 2005 – 2015. Corregimiento 80 San Antonio de Prado. Convenio Interadministrativo DANE-Municipio de Medellín.

DANE a (o.J.): Colombia. Estimaciones 1985 – 2005 y Proyecciones 2005 – 2020 nacional y departamental desagregadas por sexo, area y grupos quinquenales de edad.   URL: http://www.dane.gov.co/daneweb_V09/index.php?option=com_content&view=article& id=238&Itemid=121 [Stand: 23.09.2011]

DANE b (o.J.): Proyecciones de Población Municipio de Medellín por comunas y corregimientos.   Años   1993,   2005-2015.   URL: http://www.medellin.gov.co/irj/portal/ciudadanos?NavigationTarget=navurl://a2d20c19 c9fa69168cea30d571b3110f [Stand: 23.09.2011]

Departamento Nacional de Planeación [DNP] (2008): Evaluación de la estratificación socio-económica como instrumento de clasificación de los usuarios y herramientas de asignación de subsidios y contribuciones a los servicios públicos domiciliarios. Evaluación de Políticas Públicas 10. Bogotá. Departamento Nacional de Planeación.

DNP (2011): Estructura Institucional del Sector. Agua Potable y Saneamiento Básico. Departemento nacional de planeación. http://www.dnp.gov.co [Stand: 17.10.2011]

DUQUE, Luis F.; ORDUZ, José F.; SANDOVAL, Juan de J.; CAICEDO, Beatriz E. & KLEVENS, J. (2007): Lecciones del programa de prevención temprana de la violencia, Medellín, Colombia. Revista Panamericana de Salud Pública. Vol. 21, No. 1. Enero 2007. S: 21-29. ISSN: 1020-4989

DUQUE B., Milena Lucía & LÓPEZ C., Yulieth Patricia (2009): Prevención del embarazo adolescente en Medellín: publicidad o comunicación? Folios, revista de la Facultad de Comunicaciones, No. 18. Facultad de Comunicaciones U. de A. Medellín. Anios XIII – XIV. Junio de 2009. ISSN: 0123 – 1022

ECHARDT, Ute (1998): Dezentralisierung in Kolumbien. Eine Analyse der Reorganisation von Aufgaben, Finanzbeziehungen und Kontrollmechanismen zwischen Gebietskörperschaften. Marburg: Tectum Verlag, 1998. ISBN: 3-8288-9013-X

Estudios Tecnicos (2006a): Informe de Diagnóstico Técnico N. 001: Sistema de Acueducto Aguas Frias.

Estudios Tecnicos (2006b): Informe de Diagnóstico Técnico N. 001: Sistema de Acueducto El Hato.

Estudios Tecnicos (2006c): Informe de Diagnóstico Técnico N. 001: Sistema de Acueducto El Manantial.

Estudios Tecnicos (2006d): Informe de Diagnóstico Técnico N. 001: Sistema de Acueducto La Iguaná.

Estudios Tecnicos (2006e): Informe de Diagnóstico Técnico N. 001: Sistema de Acueducto Manzanillo.

Estudios Tecnicos (2006f): Informe de Diagnóstico Técnico N. 001: Sistema de Acueducto Montanita.

GARCÍA G., A; ROMÁN P., M. & GAYOSO V., M. (2010): Las primeras campanas contra la violencia doméstica (1998 – 2002). Prisma Social. Revista de Ciencas Naturales. No. 4 – Junio 2010. ISSN: 1989-3469

Gobernación de Antioquia: http://www.antioquia.gov.co/antioquia-v1/municipios.htm [Stand: 27.11.2011]

Gobernación de Antioquia (2009): Encuesta de Calidad de Vida 2009. Departamento Administrativo de Planeación. Gobernación de Antioquia. Online unter URL: http://www.antioquia.gov.co/antioquia-v1/organismos/planeacion/estadisticas/estadisticas.html [Stand: 19.10.2011]

GOLDMAN, Lisa K. & GLANTZ, Staton A. (1998): Evaluation of Antismoking Advertising Campaigns. In: The Journal of the American Medical Association. Vol 279. N° 10. S: 772 – 777

GROHMANN, Andreas N & et al.(2011): Wasser: Chemie, Mikrobiologie und nachhaltige Nutzung. Berlin (u.a.): de Gruyer, 2011. ISBN: 978-3-11-021308-9

HAFSTAD, A.; AARO, LE. & LANGMARK, F. (1996): Evaluation of an anti-smoking mass media campaign targeting adolescents: the role of affective responses and interpersonal communications. Health Education and Research: Theory and Practice. Vol: 11. No 1 März. S: 29 – 38.

Human Development Reports, UNDP (Entwicklungsprogramm der Vereinten Nationen). URL: http://hdrstats.undp.org/en/countries/profiles/COL.html [Stand: 23.09.2011] und http://hdr.undp.org/en/statistics/hdi/ [Stand: 26.09.2011]

Instituto de Hidrología, Meteorología y Estudios Ambientales [IDEAM], (2010a): Segunda Comunicación Nacional ante la Convención Marco de las Naciones Unidas sobre Cambio Climático. ISBN: 978-958-8067-31-5

IDEAM (2010b): Estudio Nacional del Agua 2010. Bogotá D.C. ISBN: 978-958-8067-32-2

IDEAM, Instituto de Investigaciones Marinas y Costeras José Benito Vives de Andréis [Invemar], Instituto de Investigación de Recursos Biológicos [IAvH], Instituto Amazónico de Investigaciones [Sinchi], Instituto de Investigaciones Ambientales del Pacífico John von Neumann [IIAP], Unidad Administrativa Especial de Parques Nacionales Naturales [UAESPNN], Instituto geográfico Agustín Codazzi [Igac] & Asocar, (2004): Informe annual sobre el estado del medio ambiente y los recursos naturales renovables en Colombia. Bogotá: Autores, Ed

Instituto Geográfico Agustin Codazzi (1999): Atlas de Colombia. URL: http://geoportal.igac.gov.co/mapas_de_colombia/IGAC/politicoseg.pdf [Stand: 18.11.2012]

Instituto Mi Rio (1996): Levantamiento integrado de cuencas hidrográficas del Municipio de Medellín. Colombia. URL: http://www.crid.or.cr/digitalizacion/pdf/spa/doc7741/doc7741. htm [Stand: 13.11.2011]

KARGER, R. (2008): Wasserversorgung. 13., überarbeitete und aktualisierte Auflage. Vieweg+Teubner Verlag. ISBN: 978-3-8351-0213-2

KEK-CDC (2009): Evaluation der Kampagnen LOVE LIFE STOP AIDS 2005 – 2008

KLEINHÜCKELKOTTEN, Silke (2002): Kommunikationshandbuch Lokale Agenda 21 und Wasser : zielgruppengerechte Kampagnen und Aktionen für den Gewässerschutz und eine nachhaltige Wasserwirtschaft / [Hrsg.]: Umweltbundesamt. [Projektnehmer: ECOLOG-Institut für sozial-ökologische Forschung und Bildung. Hannover : Ecolog-Institut.

KLOTER, P. & ROBERTO, E. (1989): Social Marketing. Strategies for Changing Public Behavior. The Free Press. ISBN: 0-02-918461-4

LEHMANN, P., HEUSSER, D., SOMAINI, B. & GUTZWILLER, F. (1987): Campaign against AIDS in Switzerland. In: British Medical Journal. Volume 295. S: 1118 – 1120

MAST, C.; HUCK, S. & GÜLLER, K. (2005): Kundenkommunikation. Stuttgart : Lucius & Lucius, 2005. ISBN: 3-8252-2492-9 ; 3-8282-0263-2

Ministerio de Ambiente, Vivienda y Desarrollo Territorial [MAVDT] (2005): Costos y Tarifas. Municipios menores y zonas rurales. Acueducto, Alcantarillado, Aseo. Ministerio de Ambiente, Vivienda y Desarrollo Territorial. 2005. ISBN: 958 – 95606 – 8 – 7

MAYER, Horst O. (2009): Interview und schriftliche Befragung: Entwicklung, Durchführung und Auswertung. 5., überarbeitete Auflage. Oldenbourg Wissensschaftsverlag GmbH. 2009. ISBN: 978-3-486-59070-8

MINA R., Lucía (2004): Estratificación socioeconómica como instrumento de focalización. Economía y Desarrollo, Volumen 3 Número 1, Marzo 2004. Universidad Autónoma de Colombia. Bogotá. ISSN: 16923901. http://www.fuac.edu.co/revista/III/III/tres.pdf

MUTSCHMANN, J. (2011): Taschenbuch der Wasserversorgung. Wiesbaden : Vieweg - Teubner, 2011. ISBN: 978-3-8348-0951-3

NINA B., Esteban (2008): Modelos de evaluación de políticas y programas sociales en Colombia. Revista Papel Político Bogotá (Colombia), Vol 13, No. 2, julio-diciembre. S: 449-471. ISSN: 0122-4409

Pan American Health Organization [PAHO] & World Health Organization [WHO] (2001): Regional Report on the Evaluation 2000 in the Region of the Americas: Water Supply and Sanitation, Current Status and Prospects. Washington, D.C.: PAHO. ISBN 92 75 12379 9

PAHO (2002): Evaluación regional de los servicios de manejo de residuos sólidos municipales. Informe analítico de Colombia / Evaluación 2002. PAHO

PAHO (2002): Evaluación del Programa Nacional de Rabia de Colombia. Informe final. URL: http://www.paho.org/cdmedia/hdmvp01/docs.rabia/paises/ EVAL.RABIA.COLOMBIA.pdf [Stand: 28.11.2011]

PAHO (2010): Pan American Health Organization, Health Information and Analysis Project. Regional Core Health Data Initiative. Washington DC, 2010. URL: http://www.paho.org/English/SHA/coredata/tabulator/newTabulator.htm [Stand: 23.09.2011]

PROSE, Friedemann; KUPFER, Dirk & HÜBNER, Gundula (1994): Social Marketing und Klimaschutz. In: Fischer, W. & Schütz, H. (Hrsg.): Gesellschaftliche Aspekte von Klimaänderungen. KFA-Jülich, 1994, 132-144

RIEGER, M. & SCHUBERT, H. (2005): Zur Analyse sozialer Räume. Ein interdisziplinärer Integrationsversuch. In: Riege, M. & SCHUBERT, H. (Hrsg.): Sozialraumanalyse. Grundlagen – Methoden – Praxis. VS Verlag für Sozialwissenschaften. 2005, 7 – 71. ISBN: 3-531-33604-5

RÖTTER, Ulrike (2001): Campaigns (f)or a better world? In: Dies. (Hrsg): PR-Kampagnen. Über die Inszenierung von Öffentlichkeit. 2., überarbeitete und ergänzte Auflage. Weisbaden: Westdeutscher Verlag, S. 15-34

SEOANE P., Luis (2002): Evaluación cualitativa de una campaña de promoción del uso del preservativo en la población adolescente y juvenil de la comunidad de Madrid. In: Revista Española de Salud Pública. Septiembre – Octubre, Vol 76, N° 5. Ministerio de sanidad y consumo. S: 509 – 516. ISSN: 1135-5727

STOCKMANN, R. & MEYER, W. (2010): Evaluation: Eine Einführung. Opladen ; Farmington Hills, Mich. : Budrich, 2010 ISBN: 978-3-8252-8337-7

STÜWE, Klaus & RINKE, Stefan (2008): Die politischen Systeme in Nord- und Lateinamerika. Eine Einführung. 1. Auflage. VS Verlag für Sozialwissenschaften. ISBN: 978-3-531-14252-4

TRUSELL, J., KOENIG, J., VAUGHAN B. & STEWART, F. (2001): Evaluation of a media campaign to increase knowledge about emergency contraception. In: Contraception. Vol 63. N° 2 February. S: 81 – 87.

Universidad Nacional [UNAL] (2008a) : Ecosistemas Estratégicos Microcuenca La Chata. Contrato interadministrativo N° 48000001018 de 2008 Universidad Nacional de Colombia (Sede Medellín) y el Municipio de Medellín.

UNAL (2008b): Ecosistemas Estratégicos Microcuenca La Iguaná. Contrato interadministrativo N° 48000001018 de 2008 Universidad Nacional de Colombia (Sede Medellín) y el Municipio de Medellín.

UNAL (2008c): Ecosistemas Estratégicos Microcuenca El Hato. Contrato interadministrativo N° 48000001018 de 2008 Universidad Nacional de Colombia (Sede Medellín) y el Municipio de Medellín.

UNAL (2008d): Ecosistemas Estratégicos Microcuenca La Aguapante. Contrato interadministrativo N° 48000001018 de 2008 Universidad Nacional de Colombia (Sede Medellín) y el Municipio de Medellín.

WELTBANK, Water and Sanitation Program, LAC Region und Skat. (2006): Investigación de Comportamiento de lavado de manos en Colombia. Informe final. May. (WSP Handwashing Study Colombia).

WETZSTEIN, Annekatrin (2011): Abschlussbericht: Die Präventionskampagne Haut. Institut für Arbeit und Gesundheit der Deutschen Gesetzlichen Unfallversicherung (IAG). URL: www.dguv.de Webcode: d89355 [Stand: 21.11.2011]

WHO (2008): Guidelines for Drinking-water Quality. World Health Organization. Geneva. 2008 ISBN: 978-92-4-154761-1. http://www.who.int/water_sanitation_health/dwq/fulltext.pdf [Stand: 23.10.2011]

WHO (2010): Estimated deaths by cause among children aged <5 years, 2008. http://www.who.int/healthinfo/statistics/mortality_child_cause/en/index.html [Stand: 28.09.2011]